JN107643

いち からはじめる

한국어
韓国語

文法

やさしくまなぶ基本の「活用」

石田美智代

the japan times出版

はじめに

本書は、韓国語を「ちょっと知っている」という人のための学習書です。K-POPや韓国ドラマなどを楽しみながら、「文字は読める」「知っているフレーズはある」という人が多くなりました。そういう方々が「ちゃんと文法も学びたい」と思っていらっしゃるのではないか、と考えてつくられた本です。

もちろん、文字のしくみや発音のルールについても序章で説明がありますので、これから学び始めようという方にも手にしていただければと思います。また、韓国語を「なんとなく知っている」という方も、あらためて確認してみると「そうだったのか」という新しい発見があると思います。

韓国語の文法はとても体系的で、学びやすいと言われています。文の構造が日本語と同じなので、基本的には「動詞や形容詞の活用」が学習の中心になります。この活用もたったの３種類です。１章から３章まで活用の種類ごとに紹介していますので、１冊、目を通していただければ、活用の要領がしっかり身につくと思います。

これまでK-POPやドラマなどで韓国語を身近に感じてこられたように、本書では「会話」を使って学びます。聞いたことがある単語やフレーズがきっとあるでしょう。また、「ハングル」能力検定試験の５級と４級に出題される単語と文法事項を使っていますので、楽しみながら検定試験対策もできるようになっています。

韓国語は「文法は簡単だけれど発音が難しい」とよく言われます。本書では文だけでなく、単語レベルの発音も収録しました。発音は実際の音声を聞いて確認するのが一番大事ですので、ぜひ音声をダウンロードして確認してみてください。

本書を通して、韓国語の面白さを分かち合えたらうれしいです。

石田美智代

目次　목차

第1章　母音の種類によって変わる活用語尾

第2章 子音の有無によって変わる活用語尾

第3章 語幹の違いが影響しない活用

ナレーション：李美賢、李忠均
録音・編集：ELEC 録音スタジオ
韓国語校正：金慧璘
装丁：清水真理子（TYPEFACE）
本文イラスト：坂木浩子
DTP 組版：株式会社創樹

本書の構成と使い方

本書は、韓国語の文法、特に基本的な用言の活用をいちから学ぶための本です。丁寧な説明と例文を通して、4ステップで実践的な文法力を身につけていきましょう。1冊を勉強し終えるころには、韓国語で基本的なコミュニケーションが取れるようになることを目指しています。

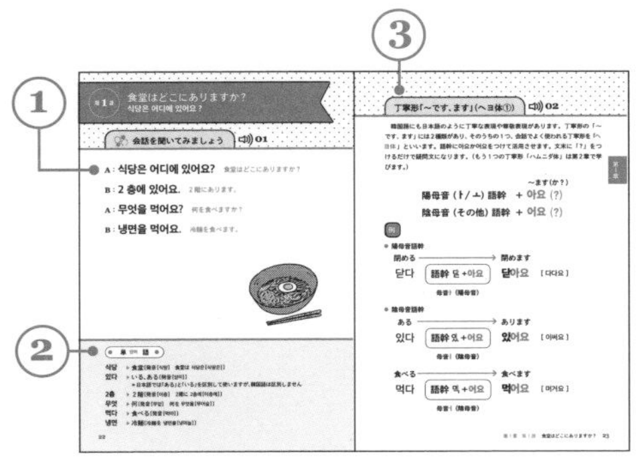

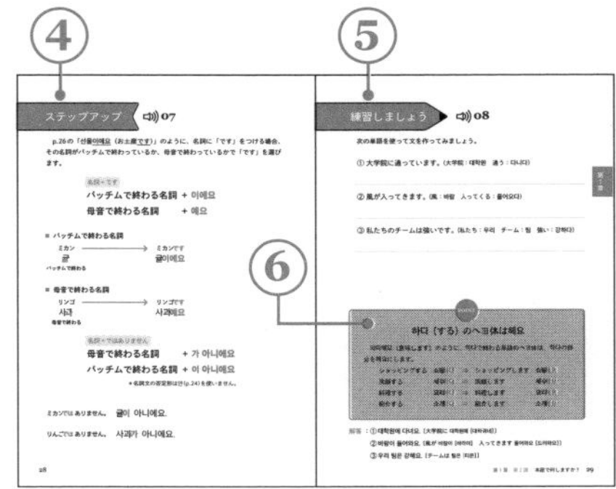

いずれの課も4ページで構成されています。

① **ステップ1** ☞　各課で学ぶ文法事項が含まれた会話を聞いてみましょう。日常で使う表現ばかりですので、音声をお手本に、自分でも発音してみましょう。

② 新たに登場した重要な単語・表現をまとめています。

③ **ステップ2** ☞　幅広い表現をするための活用の説明です。例を参考に、確実に理解していきましょう。

④ **ステップ3** ☞　「ステップアップ」では、一緒に知っておくと役に立つ項目や表現を載せています。

⑤ **ステップ4** ☞　「練習しましょう」では、学習した内容が理解できたか問題を解いてみましょう。

⑥ 本文で説明した以外の注意点や、プラスの知識となる単語や表現などについて取り上げている場合があります。

音声のご利用案内

本書の音声は、スマートフォン（アプリ）やパソコンを通じてMP3 形式でダウンロードし、ご利用いただくことができます。

スマートフォン

1 ジャパンタイムズ出版の音声アプリ「OTO Navi」をインストール

2 OTO Navi で本書を検索

3 OTO Navi で音声をダウンロードし、再生
3秒早送り・早戻し、繰り返し再生などの便利な機能つき。学習にお役立てください。

パソコン

1 ブラウザからジャパンタイムズ出版のサイト「BOOK CLUB」にアクセス https://bookclub.japantimes.co.jp/book/b585519.html

2 「ダウンロード」ボタンをクリック

3 音声をダウンロードし、iTunes などに取り込んで再生
※音声はzipファイルを展開（解凍）してご利用ください。

● 韓国語の主な母音と子音の組み合わせ

子音字＼母音字	ㅏ [a]	ㅓ [ō]	ㅗ [o]	ㅜ [u]	ㅡ [ū]	ㅣ [i]
ㄱ [k/g]	가	거	고	구	그	기
ㄴ [n]	나	너	노	누	느	니
ㄷ [t/d]	다	더	도	두	드	디
ㄹ [l]	라	러	로	루	르	리
ㅁ [m]	마	머	모	무	므	미
ㅂ [p/b]	바	버	보	부	브	비
ㅅ [s]	사	서	소	수	스	시
ㅇ [無]	아	어	오	우	으	이
ㅈ [ch/j]	자	저	조	주	즈	지
ㅎ [h]	하	허	호	후	흐	히
ㅋ [kʰ]	카	커	코	쿠	크	키
ㅌ [tʰ]	타	터	토	투	트	티
ㅍ [pʰ]	파	퍼	포	푸	프	피
ㅊ [chʰ]	차	처	초	추	츠	치
ㄲ [kk]	까	꺼	꼬	꾸	끄	끼
ㄸ [tt]	따	떠	또	뚜	뜨	띠
ㅃ [pp]	빠	뻐	뽀	뿌	쁘	삐
ㅆ [ss]	싸	써	쏘	쑤	쓰	씨
ㅉ [cch]	짜	쩌	쪼	쭈	쯔	찌

※ 本書では、ハングルの発音表記について、IPA（国際音声記号）を使わず次のようにしています。

어＝[ō]（오は[o]）／IPAでは[ɔ]
으＝[ū]（우は[u]）／IPAでは[ɯ]
야＝[ya]／IPAでは[ja]
자＝[cha][ja]／IPAでは[tʃa] [dʒa]
까＝[kka]／IPAでは[ʔka]
앙＝[ang]／IPAでは[aŋ]

● ハングルのフォントについて

韓国語で使う文字のハングルにもさまざまなフォントがあります。ハングルに慣れないうちは、フォントが違うと異なる文字のように見えてしまかもしれませんが、同じ文字です。

ゴシック体と明朝体を比べてみましょう。

ゴシック	明朝
ㅈ	ㅈ
3筆で書いています	2筆で書いています
ㅇ	ㅇ
完全な丸です	上に点がついています 手書きでこの点を書くことはありません
ㅎ	ㅎ
点と横棒がくっついています	点と横棒が離れています 下の丸に点がついています

ハングルを手書きするときは、ㅈは2筆で、ㅇは上に点をつけません。また、ㅌは手書きの時にはㅌのように書くことが多いです。

序章

韓国語のしくみ

韓国語は日本語とよく似ているといわれますが、
本当にそうなのでしょうか。
ここでは韓国語の文字、発音、語順について
簡単にご紹介します。本編に入る前に、
韓国語のしくみがどのようになっているか
確認しておきましょう。

韓国語の文字のしくみ

韓国語で使われる文字を「ハングル」といいます。ハングルは子音と母音の組み合わせなので、最初は○や□の模様のように見えますが、子音と母音をローマ字に置き換えるとすぐに読めるようになります。

左に子音／右に母音	上に子音／下に母音	もうーつ子音がつくこともあります	
가	수	감	순
ka	s u	ka m	s u n

韓国語の子音

平音・激音・濃音

韓国語の子音は全部で19個ありますが、まず10個覚えれば、残りの9個は「おまけ」のように覚えることができます。

韓国では子音を覚えるとき、この表の上から「カナダラマバサ」と覚えます。

発音	平音	激音	濃音
k	ㄱ	ㅋ	ㄲ
n	ㄴ		
t	ㄷ	ㅌ	ㄸ
l	ㄹ		
m	ㅁ		
p	ㅂ	ㅍ	ㅃ
s	ㅅ		ㅆ
無	ㅇ		
ch	ㅈ	ㅊ	ㅉ
h	ㅎ		

(例)母音の「あ＝A＝ㅏ」をつけた場合

平音：가 나 다 라 마 바 사 아 자 하（日本語のカ、ナ、タ…と同じように発音）

激音：카 타 파 차（息を強く吐いて、カハ、タハ…）

濃音：까 따 빠 싸 짜（息を止めてから、ッカ、ッタ…）

韓国語の母音

韓国語の母音は全部で21個ありますが、基本の母音8個を覚えれば、後は組み合わせで増やしていけばOKです。

基本の母音	ㅗを足す	ㅜを足す	ㅣを足す	ヤ行
ㅏ [a]	ㅘ [wa]			ㅑ [ja]
ㅓ [ɔ]		ㅝ [wɔ]		ㅕ [jɔ]
ㅗ [o]				ㅛ [jo]
ㅜ [u]				ㅠ [ju]
ㅡ [ɯ]				
ㅣ [i]	ㅚ [we]	ㅟ [wi]	ㅢ [ɯi]	
ㅐ [ɛ]	ㅙ [wɛ]			ㅒ [jɛ]
ㅔ [e]		ㅞ [we]		ㅖ [je]

母音の音だけを表す場合は、音がゼロの子音ㅇを組み合わせます。

아 오 으 워 왜…

21個も母音があると、似た音がいくつかあります。

어/오　어は口を広く開けて「オ」、오は口を小さく丸めて「オ」
으/우　으は口を横に広げて「ウ」、우は口を小さく丸めて「ウ」
애/에　애の方が口を広く開けますが、最近では애も에も「エ」
외/왜/웨　외と왜は오の口から「ウェ」、웨は우の口から「ウェ」

発　音

● パッチム ●

ハングルは子音と母音を左右や上下に組み合わせますが、その下にもう一つ子音を追加することがあります。下に追加される子音を「パッチム」といいます。

가 [ka] の下にㅁを追加すると감 [kam] となり、ㅁの部分がパッチムです。パッチムは子音ですから、母音をつけて発音しないように気をつけなければなりません。

ポイント①

パッチムは、その子音を発音する舌の位置や口の形をそのままキープします。下の表の上の段はその口の形のまま息を止めるので「閉鎖音」、下の段はその口の形のまま鼻から息を出すので「鼻音」といいます。側音は、舌を上の歯茎につけたまま下の両脇から息を出します。

ポイント②

パッチムがㄷ、ㅅ、ㅈ、ㅊの場合、例えば같や갓や갖は、すべて［갇］と発音されます。舌の位置が上の歯の付け根のあたりでほぼ同じなので、その位置で息を止めると同じ音になるためです。

パッチムの発音は７種類

息の流れ	舌の位置や口の形	舌は喉	舌は歯	唇閉じる	側音
閉鎖音	発音	ㄱ [k]	ㄷ [t]	ㅂ [p]	
閉鎖音	パッチム	ㄱ, ㅋ, ㄲ	ㄷ, ㅌ, ㅅ, ㅆ, ㅈ, ㅊ, ㅎ	ㅂ, ㅍ	
閉鎖音	例	각 kak	갇 kat	갑 kap	
鼻音	発音	ㅇ [ŋ]	ㄴ [n]	ㅁ [m]	ㄹ [l]
鼻音	パッチム	ㅇ	ㄴ	ㅁ	ㄹ
鼻音	例	강 kang	간 kan	감 kam	갈 kal

＊子音の音がゼロのㅇはパッチムになると [ng] で発音されます。

序
章

● 変化するもの ●

ハングルは、基本的には子音と母音をそれぞれローマ字に置き換えればすぐに読めるようになりますが、パッチムがあるため書かれた通りに読まない場合もあります。

● 有声音化

子音ㄱ、ㄷ、ㅂ、ㅈの発音は濁るときと濁らないときがあります。

語頭は濁らない：ㄱ [k]、ㄷ [t]、ㅂ [p]、ㅈ [ch]
語中は濁る　　：ㄱ [g]、ㄷ [d]、ㅂ [b]、ㅈ [j]

바지（ズボン） [pa-ji]（パジ）（↓語頭だからp　↑語中だからj）

갈비（カルビ） [kal-bi]（カル - ビ）（↓語頭だからk　↑語中だからb）

＊声帯の震えのある音を「有声音」、震えのない音を「無声音」といいます。

● 連音化

パッチムの後ろに母音が続くと、くっついて発音されます。

パッチムが次の母音とくっつく

발음 ――→ **発音は**［바름］
pal-um　**palum**
パル - ウム　パルム

음악（音楽） um-ak ウム - アク　［으막］ umak ウマク

목욕（沐浴） mok-yok モク - ヨク　［모굑］ mogyok モギョク

＊語中で濁る子音は、連音化すると濁って発音されます。

종이（紙） chong-i チョン - イ　［종이］ chongi チョンイ

＊パッチムがㅇの場合は、連音化しません。

● 濃音化

詰まる音（ㄱ, ㄷ, ㅂ）のパッチムの次にくるㄱ, ㄷ, ㅂ, ㅈ, ㅅは、濃音（ㄲ、ㄸ、ㅃ、ㅆ、ㅉ）で発音されます。詰まる音が「ッ」の働きをするので、次の音が自然と濃音化します。

閉鎖音のパッチム [ㄱ / ㄷ / ㅂ] +	ㄱ ㄷ ㅂ ㅈ ㅅ	→	閉鎖音のパッチム [ㄱ / ㄷ / ㅂ] +	ㄲ ㄸ ㅃ ㅉ ㅆ

例

학교（学校） hak-kyo ハㇰ-キョ ⟶ [학꾜] hakkyo ハㇰ-キョ

本来は濃音化しないはずの母音の後やパッチムㄹの後に濃音化することがあります。

글자（文字） kul-ccha クㇽチャ
↑ ㄹは詰まる音ではない

여권（旅券） yo-kkwon ヨㇰクォン
↑ 母音の後なのに

● 激音化

パッチムㅎ（h）の前後にㄱ、ㄷ、ㅂ、ㅈがくると、それらは激音（ㅋ、ㅌ、ㅍ、ㅊ）で発音されます。

パッチムㅎ +	ㄱ ㄷ ㅂ ㅈ	→	ㅋ ㅌ ㅍ ㅊ	ㄱ ㄷ ㅂ ㅈ	+ ㅎ	→	ㅋ ㅌ ㅍ ㅊ

좋다（良い） choh-ta チョッ-タ ⟶ [조타] ch^hot^ha チョタ
축하（祝賀） ch^huk-ha チュㇰ-ハ ⟶ [추카] ch^huk^ha チュカ

＊[t]で発音されるパッチム（p.12の表）は、[t]のままで激音化することもあります。

못해（できない） mot-he モッ-ヘ ⟶ [모태] mot^he モテ

● 鼻音化

詰まる音のパッチムの次にㄴ・ㅁが続くと、詰まる音が「ン」（ㅇ・ㄴ・ㅁ）で発音されます。

パッチム ㄱ/ㄷ/ㅂ ＋ ㄴ・ㅁ ⟶ パッチム ㅇ/ㄴ/ㅁ ＋ ㄴ・ㅁ

십년（十年）	sip-nyōn シプ-ニョン	⟶	［심년］	sim-nyōn シムニョン
거짓말（嘘）	kō-jit-mal コ-ジッ-マル	⟶	［거진말］	kō-jin-mal コジンマル

つまり、パッチム「ッ」の音がそのままであると次の音を発しにくいため、「ン」で発音するということです。

● 側音化

ㄹとㄴがぶつかると、どちらも「ル」（ㄹ）で発音されます。

パッチムㄴ ＋ ㄹ ⟶ パッチムㄹ ＋ ㄹ
パッチムㄹ ＋ ㄴ ⟶ パッチムㄹ ＋ ㄹ

연락（連絡）	yōn-lak ヨン-ラク	⟶	［열락］	yōllak ヨルラク
일년（一年）	il-nyōn イル-ニョン	⟶	［일련］	il-lyōn イルリョン

● ㅎの弱音化

母音や、パッチムㄴ、ㄹ、ㅁの後にくるㅎは弱音化します。

パッチム ㄴ/ㄹ/ㅁ ＋ ㅎ ⟶ パッチム ㄴ/ㄹ/ㅁ ＋ 母音（連音化する）

좋아요（良いです）	choh-ayo	⟶	［조아요］	cho~~h~~ayo チョアヨ
전화（電話）	chōn-hwa	⟶	［저놔］	chōn~~h~~wa チョヌァ

＊人によって弱音化の程度が異なります。전화（電話）を「チョヌァ」と発音する人もいれば「チョンファ」とㅎ[h]をはっきり発音する人もいます。

ㅎの発音

語頭

そのまま読みます。

회사（会社）　hwe-sa　フェサ

語中（ㅎ＋何か）

・パッチムㅎ＋閉鎖音（ㄱㄷㅂㅈ）　→　激音化　좋다 chot^{h}a

・パッチムㅎ＋母音　→　弱音化　좋아요 choħayo

・パッチムㅎ＋それ以外（実質ㄴのみ）　→　鼻音化　좋니 chonni（いいかい？）

語中（何か＋ㅎ）

・閉鎖音パッチム＋ㅎ　→　激音化　축하 ch^{h}uk^{h}a

・母音＋ㅎ　→　そのまま読みます。

・それ以外のパッチム＋ㅎ　→　弱音化して連音化　전화 chōnħwa

韓国語の文法

韓国語は、文字を覚えたり発音のルールに慣れるまでは少し大変ですが、文法自体はとても簡単です。日本語ととても似ていることに驚くかもしれません。

語順は日本語と同じ

韓国語と日本語の文を比べてみましょう。

유미는　스파게티를　주문해요.

ユミは　スパゲティを　注文します。

日本語も韓国語も、主語＋目的語＋述語の順番が同じです。また名詞を助詞でつなげる点でも共通しています。

その名詞についても、스파게티（スパゲティ）のようなカタカナ語や、주문（注文）のような漢字語は、音が日本語と似ているので文字が読めれば意味までわかります。

よく使う助詞

	が	は	を	と
母音で終わる名詞	가	는	를	와
子音で終わる名詞	이	은	을	과

	(場所)に	(場所)で	(場所)から	(時間)から	まで
母音で終わる名詞 子音で終わる名詞	에	에서	에서	부터	까지

	(人)に	(人)に(口語)	(人)から	(人)から(口語)	と(口語)
母音で終わる名詞 子音で終わる名詞	에게	한테	에기서	한테서	하고

● 活用するもの ●

文の中で述語になるものを用言といいます。

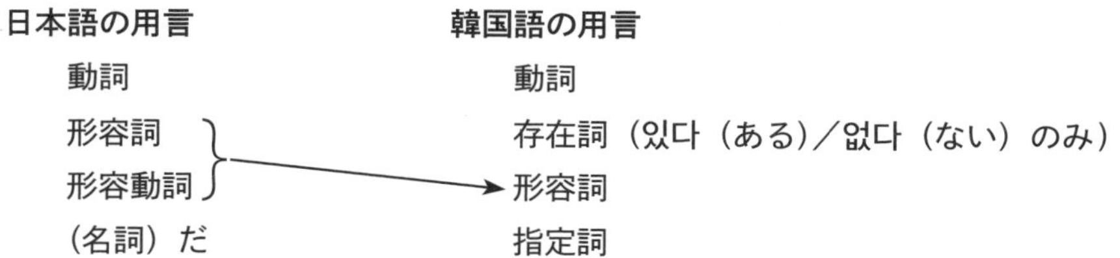

● 活用のしくみ ●

活用とは、用言を否定形や過去形などに形を変えることをいいます。この活用の仕方も日本語と韓国語はよく似ています。

動詞먹다(食べる)の場合

語幹	語尾
(食べ)	
먹	다(る)
	어요(ます)
	으면(れば)
	었다(た)

その他の例

		語幹	語尾
動詞	見る	보	다
	会う	만나	다
存在詞	ある	있	다
形容詞	大きい	크	다
	静かだ	조용하	다

● 活用の種類 ●

語幹にさまざまな活用語尾をつけかえる際、語幹にそのままつける活用語尾もありますが、間に一文字加えなければならないものもあります。

韓国語の活用は、活用語尾のつけ方によって3種類に分けることができます。

【例】

① 어で始まる活用語尾　② 으で始まる活用語尾　③ そのままつく活用語尾

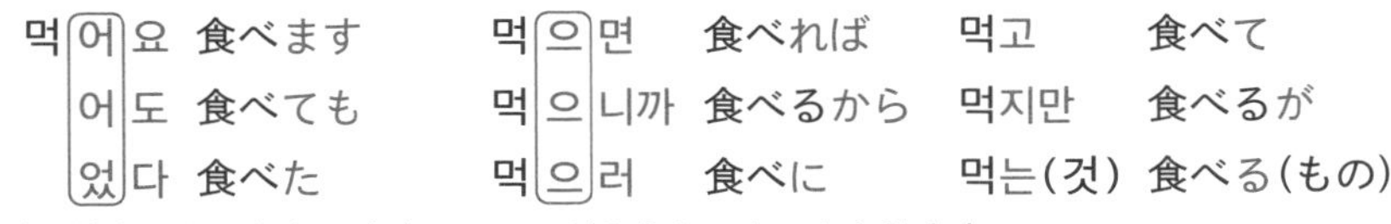

①		②		③	
먹어요	食べます	먹으면	食べれば	먹고	食べて
어도	食べても	먹으니까	食べるから	먹지만	食べるが
었다	食べた	먹으러	食べに	먹는(것)	食べる(もの)

＊아で始まるものもあります　＊으が入らないものもあります

本書では、①タイプの活用語尾を第1章で、②タイプを第2章で、③タイプを第3章で紹介します。

第1章

母音の種類によって変わる活用語尾

第1章では、語幹の母音の種類によって
活用語尾が変わるパターンを学びましょう。
母音の種類は2つだけですから、そこをしっかりと押さえて、
さまざまな表現を活用させていきましょう。

第1과 食堂はどこにありますか？
식당은 어디에 있어요？

会話を聞いてみましょう 01

A：**식당은 어디에 있어요?** 食堂はどこにありますか？

B：**2 층에 있어요.** 2 階にあります。

A：**무엇을 먹어요?** 何を食べますか？

B：**냉면을 먹어요.** 冷麺を食べます。

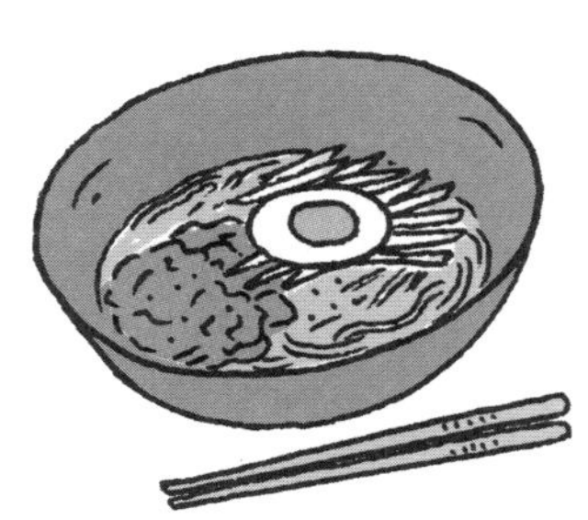

単 단어 語

식당 ▶食堂〔発音［식땅］ 食堂は 식당은［식땅은］〕

있다 ▶いる、ある〔発音［읻따］〕
＊日本語では「ある」と「いる」を区別して使いますが、韓国語は区別しません

2층 ▶ 2 階〔発音［이층］ 2階に 2층에［이층에］〕

무엇 ▶何〔発音［무얻］ 何を 무엇을［무어슬］〕

먹다 ▶食べる〔発音［먹따］〕

냉면 ▶冷麺〔冷麺を 냉면을［냉며늘］〕

丁寧形「～です、ます」（ヘヨ体①） 02

韓国語にも日本語のように丁寧な表現や尊敬表現があります。丁寧形の「～です、ます」には2種類があり、そのうちの1つ、会話でよく使われる丁寧形を「ヘヨ体」といいます。語幹に아요か어요をつけて活用させます。文末に「？」をつけるだけで疑問文になります。（もう1つの丁寧形「ハムニダ体」は第2章で学びます。）

～ます（か？）

陽母音（ㅏ/ㅗ）語幹　＋ 아요（?）

陰母音（その他）語幹　＋ 어요（?）

例

● 陽母音語幹

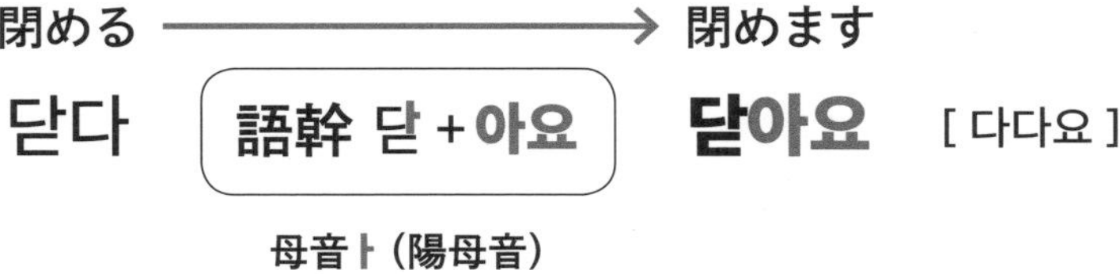

● 陰母音語幹

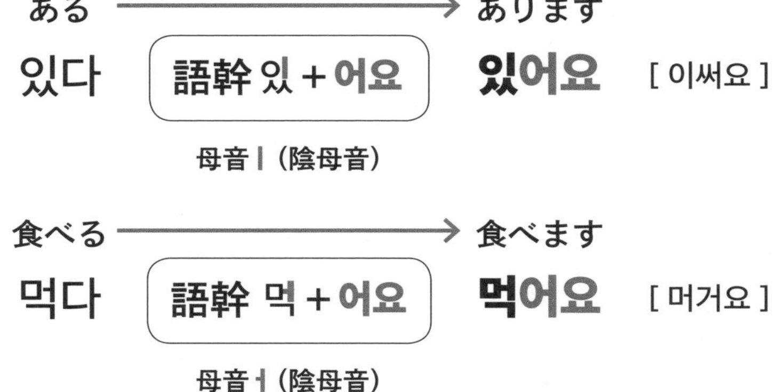

ステップアップ 03

動詞や形容詞の前に안をつけると否定の意味になります。

否定形

안 + 動詞・形容詞

안 + 놀다 ——→ 안 놀아요
否定 + 遊ぶ 遊びません
(놀다+아요)

안 + 먹다 ——→ 안 먹어요
否定 + 食べる 食べません
(먹다+어요)

POINT

命令・勧誘の意味も

語幹＋아요、語幹＋어요の形は、「～ています」という今の動作の他に、文脈によって「～なさい」や「～ましょう」という命令や勧誘の意味でも使います。

【例】**저는 냉면을 먹어요.** 冷麺を食べます。
빨리 냉면을 먹어요. 早く冷麺を食べなさい。
같이 냉면을 먹어요. 一緒に冷麺を食べましょう。

練習しましょう 04

次の単語を使って文を作ってみましょう。解答はページ下にあります。

① 服が小さいです。(服：옷　小さい：작다)

② ドアを閉めますか？(ドア：문　閉める：닫다)

POINT

連音化に慣れよう

韓国語は、パッチムの次に母音が続くと、パッチムと次の母音がくっついて発音されます。これを連音化といいます。例えば、먹어요は[머거요]と発音されます。名詞の後ろに助詞が続くときや、動詞や形容詞がヘヨ体に活用するときなど、連音化は頻繁に起こります。

連音化のために「知っている単語なのに聞き取れなった」ということがありますので、単語を覚えるときは、名詞は助詞がついたときの発音を、動詞や形容詞は活用したときの発音を、確認しておくようにしましょう。

【例】服 **옷** [옫] ／服が **옷이** [오시] ／服を **옷을** [오슬] ／服は **옷은** [오슨]

解答：① 옷이 작아요.〔服が 옷이 [오시]　小さいです 작아요 [자가요]〕

② 문을 닫아요?〔ドアを 문을 [무늘]　閉めますか 닫아요 [다다요]〕

第2과 本屋で何しますか？
책방에서 뭐 해요?

会話を聞いてみましょう 05

A：**책방에서 뭐 해요?** 本屋で何をしますか？

B：**음악 잡지를 사요.** 音楽雑誌を買います。

여동생 선물이에요. 妹のお土産です。

A：**여동생도 K-POP 을 좋아해요?**

妹も K-POP が好きですか？

単 단어 語

책방 ▶本屋〔発音[책빵]〕

하다 ▶する

＊日本語でも会話では「何(を)しますか？」と助詞の「を」をよく省略するように、韓国語でも뭐 해요？と助詞を省略します

음악 ▶音楽〔発音[으막]〕

잡지 ▶雑誌〔発音[잡찌]〕

사다 ▶買う

여동생 ▶妹

＊여(女) 동생で「妹」の意味。남(男)동생は「弟」

선물 ▶プレゼント、お土産〔お土産です 선물이에요[선무리에요]〕

K-POP ▶K-POP〔発音[케이팝]〕

좋아하다 ▶好きだ(好む)

＊日本語では「～が好きだ」と「が」を使いますが、韓国語は를/을(を)を使います。좋아하다は「好きだ」の意味ですが、「好む」と覚えておくと助詞を間違えないで使えます

丁寧形「～です、ます」の活用（ヘヨ体②） 06

ヘヨ体の丁寧形は、**語幹にパッチムがない場合は、語幹の母音と어요/아요の어/아が合体**します。そうなった場合には、어요がついているのか、아요がついているのか、一見してすぐにわからないかもしれません。よく使う単語から慣れていきましょう。

例

● **陽母音語幹**

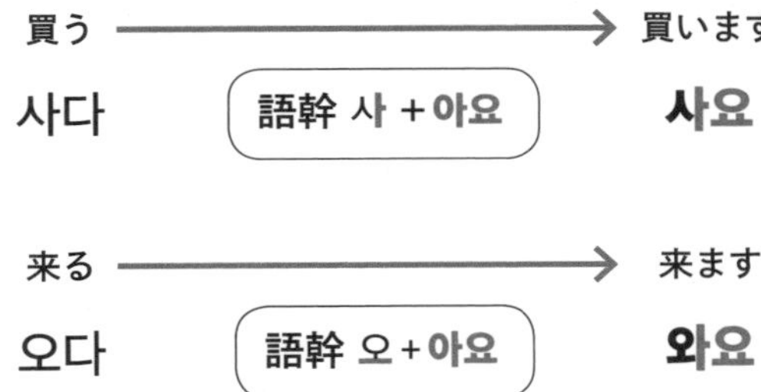

● **陰母音語幹**

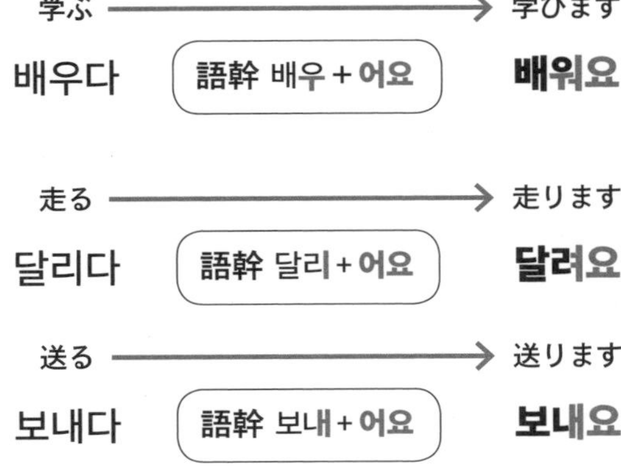

하다（する）のヘヨ体は해요

する　　　します

하다 ──→ **해요**

ステップアップ 07

p.26の「선물이에요（お土産です）」のように、名詞に「です」をつける場合、その名詞がパッチムで終わっているか、母音で終わっているかで「です」を選びます。

名詞＋です

パッチムで終わる名詞 ＋ 이에요

母音で終わる名詞 ＋ 예요

■ パッチムで終わる名詞

ミカン 귤 → ミカンです 귤이에요

パッチムで終わる

■ 母音で終わる名詞

リンゴ 사과 → リンゴです 사과예요

母音で終わる

名詞＋ではありません

母音で終わる名詞 ＋ 가 아니에요

パッチムで終わる名詞 ＋ 이 아니에요

＊名詞文の否定形は안(p.24)を使いません。

ミカンではありません。 귤이 아니에요.

りんごではありません。 사과가 아니에요.

練習しましょう 08

次の単語を使って文を作ってみましょう。

① 大学院に通っています。(大学院：대학원　通う：다니다)

② 風が入ってきます。(風：바람　入ってくる：들어오다)

③ 私たちのチームは強いです。(私たち：우리　チーム：팀　強い：강하다)

POINT

하다（する）のヘヨ体は해요

의미해요（意味します）のように、하다で終わる単語のヘヨ体は、하다の部分を해요にします。

ショッピングする	**쇼핑**하다	⇒	ショッピングします	**쇼핑**해요
洗顔する	**세수**하다	⇒	洗顔します	**세수**해요
料理する	**요리**하다	⇒	料理します	**요리**해요
紹介する	**소개**하다	⇒	紹介します	**소개**해요

解答：①대학원에 다녀요.〔大学院に 대학원에 [대하궈네]〕
②바람이 들어와요.〔風が 바람이 [바라미]　入ってきます 들어와요 [드러와요]〕
③우리 팀은 강해요.〔チームは 팀은 [티믄]〕

第3과 意味も教えてください。
뜻도 가르쳐 주세요.

会話を聞いてみましょう 09

A : 이 한자는 어떻게 읽어요?　この漢字はどう読みますか？
뜻도 가르쳐 주세요.　意味も教えてください。

B : '義' 는 '의' 라고 읽어요.　「義」は「ウィ」と読みます。
'옳다' 를 의미해요.　「正しい」を意味します。

単 단어 語

한자 ▶漢字〔発音[한짜]〕
＊濃音化のルールに当てはまりませんが、習慣的に濃音化します。
어떻게 ▶どのように〔発音[어떠케]〕
읽다 ▶読む〔発音[익따]　読みます 읽어요[일거요]〕
뜻 ▶意味〔発音[뜯]　意味も 뜻도[뜯또]〕
가르치다 ▶教える
옳다 ▶正しい〔発音[올타]〕
(이)라고 ▶〜と
의미 ▶意味

依頼表現「～てください」 10

これまでの課で、語幹に아요/어요をつける形を学びました。아요/어요の요を取った形に**주세요**をつければ、「**～てください**」と相手にお願いする表現になります。このときも語幹が母音で終わる場合、語幹の母音と아/어が合体します。

～てください

陽母音（ㅏ/ㅗ）語幹　＋ 아 주세요

陰母音（それ以外の）語幹　＋ 어 주세요

第1章

例

● 陽母音語幹

値引く ——→ 値引いて（安くして）ください

깎다　語幹 깎＋아 주세요　**깎아 주세요**

母音ㅏ（陽母音）

● 陰母音語幹

教える ——→ 教えてください

가르치다　語幹 가르치＋어 주세요　**가르쳐 주세요**

母音ㅣ（陰母音）

ステップアップ 11

「～と読みます」の「～と」は라고を使います。「～」の部分に入る名詞がパッチムで終わっている場合、이라고と이が入ります。「～という」の「いう」には하다を使います。この라고の表現は自己紹介で使うことができます。

～と

名詞（母音で終わるもの）＋ 라고

パッチムで終わる名詞　＋ 이라고

(이)라고 하다を使って自己紹介をしてみましょう。文末は하다を丁寧形の해요にします。

サキ
사키
母音で終わる
→
私はサキといいます。
저는 사키**라고 해요**.

ジュン
준
パッチムで終わる
→
私はジュンといいます。
저는 준**이라고 해요**.

POINT

自己紹介で使えるフレーズ

定番の表現を覚えておきましょう。

안녕하세요?　こんにちは。

만나서 반갑습니다. [반갑씀니다]　お会いできてうれしいです。

잘 부탁합니다. [부타캄니다]　よろしくお願いします。

練習しましょう 12

次の単語を使って文を作ってみましょう。

① 切手を貼ってください。(切手：우표　貼る：붙이다)

....

② ケーキを子供たちに分けてください。
(ケーキ：케이크　子供たち：아이들　分ける：나누다)

....

③ 私の話を信じてください。(話：이야기　信じる：믿다)

....

第1章

解答：① 우표를 붙여 주세요.〔貼る 붙이다 [부치다]　貼って 붙여 [부쳐]〕
＊붙이다は [부티다] ではなく [부치다] と発音します。

② 케이크를 아이들에게 나눠 주세요.〔子供たちに 아이들에게 [아이드레게]〕
＊들は複数を表す「たち」の意味です。中学生たち：중학생들　会社員たち：회사원들

③ 제 이야기를 믿어 주세요.〔信じて 믿어 [미더]〕
＊「私の」は저의ですが、縮約して제となります

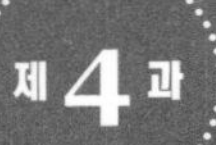

第4과 のり巻きの中に何が入っていますか？
김밥 속에 뭐가 들어 있어요？

会話を聞いてみましょう 13

A：**무슨 냄새예요?** 何のにおいですか？

B：**김밥이에요.** のり巻きです。

A：**와, 속에 뭐가 들어 있어요?**
わぁ、中に何が入っていますか？

B：**쇠고기와 오이 그리고 달걀이 들어 있어요.**
牛肉とキュウリそして卵が入っています。

単 단어 語

무슨 ▸何の
냄새 ▸におい
김밥 ▸のり巻き
속 ▸中〔中に 속에［소게］〕
들다 ▸入る〔入って 들어［드러］〕
＊들다は他に「(お金が)かかる」「(手に)持つ」などの意味もあります
쇠고기 ▸牛肉
오이 ▸キュウリ
그리고 ▸そして
달걀 ▸卵〔卵が 달걀이 ［달갸리］〕

状態を表す「～ています」 14

前の課では、아/어の後ろに주세요をつけて「～てください」という表現を学びました。今度は、아/어の後ろに**있어요**（います）をつけてみましょう。「**～ています**」と状態を表す意味になります。

日本語の「～ています」は、「ご飯を食べています」という「動作の進行」と、「電気がついています」という「状態」の両方の意味で使われますが、韓国語の아/어 있어요は、状態の意味の「～ています」に限ります。

～ています

陽母音（ㅏ/ㅗ）語幹 ＋ 아 있어요

陰母音（それ以外）語幹 ＋ 어 있어요

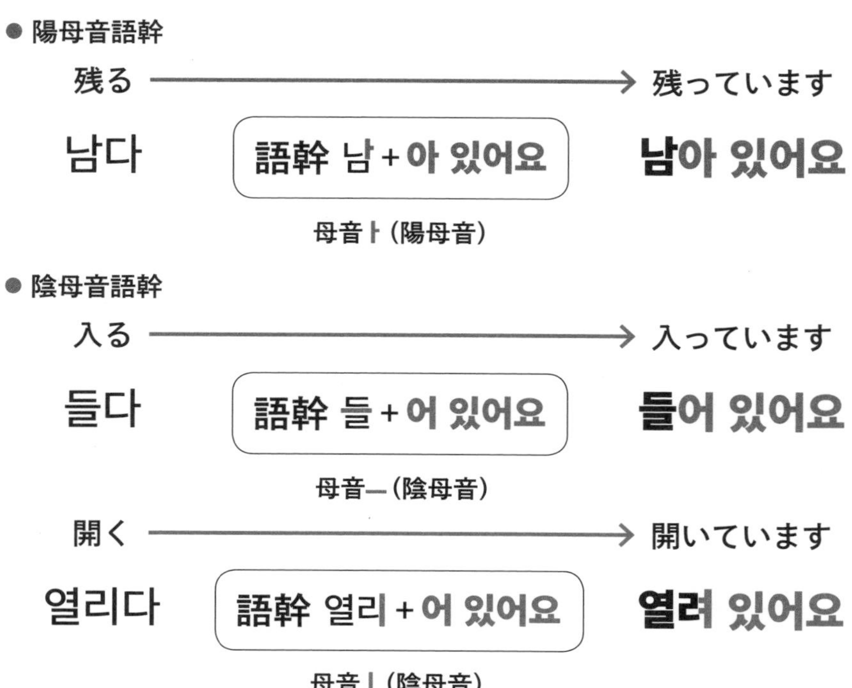

ステップアップ 15

「쇠고기와 오이（牛肉とキュウリ）」などと言うときの「と」は、パッチムで終わる名詞には과、母音で終わっていれば와を使います。また、하고は、パッチムの有無に関係なく使えます。

A「と」B

와/과

パッチムで終わる名詞 + 과

母音で終わる名詞 + 와

하고

（パッチムの有無関係なく）名詞 + 하고

와/과の例

野球とバレーボール

야구와 배구

↑母音

銀行と郵便局

은행과 우체국

↑パッチム

하고の例

土曜日と日曜日

토요일하고 일요일 [토요이라고]

↑パッチムがㄹ　　連音化

＊ㄴ/ㄹ/ㅁのパッチムの後にㅎが続くと、ㅎが弱音化して連音化が起きます。

演劇とコンサート

연극하고 콘서트 [연그카고]

↑パッチムがㄱ　　激音化

＊ㄱ/ㄷ/ㅂで発音されるパッチムの後にㅎが続くと、激音化が起きます。

練習しましょう 16

次の単語を使って文を作ってみましょう。

① 歯にのりがついています。(歯：이　海苔：김　付く：붙다)

....

② 花が咲いています。(花：꽃　咲く：피다)

....

③ 信号の前に自動車が止まっています。
(信号：신호등　前：앞　自動車：자동차　止まる：서다)

....

解答：① 이에 김이 붙어 있어요.〔歯に 이에　のりが 김이 [기미]　ついて 붙어 [부터]〕

② 꽃이 피어 있어요.〔花が 꽃이 [꼬치]〕
＊피다（咲く）は펴とならず、피어 있어요となります

③ 신호등 앞에 자동차가 서 있어요.〔信号の前に 신호등 앞에 [시노등 아페]〕

第5과 もう１つ注文してもいいですか？
하나 더 시켜도 돼요?

会話を聞いてみましょう 17

A：**정말 맛있어요.** 本当においしいです。
하나 더 시켜도 돼요? もう１つ注文してもいいですか？

B：**네, 괜찮아요. 여기는 학생 할인이 돼요.**
はい、大丈夫です。ここは学生割引になります。

아주머니! 여기 갈비탕하고 맥주 주세요.
おばさん！ カルビスープとビールください。

単 단어 語

정말	▸本当に	많이	▸たくさん〔発音[마니]〕
맛있다	▸おいしい〔発音[마싣따]〕	아주머니	▸おばさん
하나	▸1つ	갈비탕	▸カルビスープ
더	▸もっと	맥주	▸ビール〔発音[맥쭈]〕
시키다	▸注文する		

許可を表す「～てもいいです(か？)」 18

아/어の形を作って助詞の도（も）をつけると「～ても」という意味になり、後ろに「OKです」を意味する돼요を続けると「～てもいいです」となります。文末に「?」をつけると許可を求める疑問文になります。（＊돼요は、되다に어요をつけたものが縮約した形です。）

この表現は動詞にも形容詞にも使えます。動詞の場合は「その動作をしてもいい」という意味に、形容詞の場合は「その状態でもいい」という意味になります。

～ても いいです(か？)

陽母音（ㅏ/ㅗ）語幹　+ 아도 돼요 (?)

陰母音（その他）語幹　+ 어도 돼요 (?)

例

● 陽母音語幹

会いに行く → 会いに行っても いいです(か？)

찾아가다　語幹 찾아가 + 아도 돼요　**찾아가도 돼요(?)**

母音ㅏ(陽母音)

● 陰母音語幹

注文する → 注文してもいいです(か？)

시키다　語幹 시키 + 어도 돼요　**시켜도 돼요(?)**

母音ㅣ(陰母音)

送る → 送ってもいいです(か？)

보내다　語幹 보내 + 어도 돼요　**보내도 돼요(?)**

母音ㅐ(陰母音)

ステップアップ 19

p.38の会話にある「학생 할인이 돼요（学生割引になります）」のように「〜になる」の「に」は助詞の가/이を使います。

〜になる

母音で終わる名詞　＋ 가 되다

パッチムで終わる名詞 ＋ 이 되다

■ 母音で終わる名詞

教師 ⟶ 教師になります

교사 　 **교사가 돼요.**

母音で終わる　　되다＋어요 → 돼요

■ パッチムで終わる名詞

部長 ⟶ 部長になります。

부장 　 **부장이 돼요.**

パッチムで終わる

＊日本語の助詞「に」は에を使うことが多いので、교사에 돼요と間違わないように気をつけましょう。

単語

「春夏秋冬」の表現

四季を使って「〜になります」と言ってみましょう。

春 **봄**	春になります。 **봄이 돼요.**	秋 **가을**	秋になります。 **가을이 돼요.**
夏 **여름**	夏になります。 **여름이 돼요.**	冬 **겨울**	冬になります。 **겨울이 돼요.**

練習しましょう 20

次の単語を使って文を作ってみましょう。

① ここに自転車を止めてもいいですか？（自転車：자전거　止める：세우다）

② 公園で遊んでもいいですか？（公園：공원　遊ぶ：놀다）

③ 部屋が狭くてもいいですか？（部屋：방　狭い：좁다）

第1章

解答：①여기에 자전거를 세워도 돼요?

②공원에서 놀아도 돼요? 〔遊んでも 놀아도 [노라도]〕

③방이 좁아도 돼요? 〔部屋が 방이 [방이]　狭くても 좁아도 [조바도]〕

第6과 水をもっと入れなくてはなりません。
물을 더 넣어야 돼요.

会話を聞いてみましょう 21

A：순두부찌개 만들어요?　純豆腐（スンドゥブ）チゲを作っていますか？

B：네, 맛 좀 봐 주세요.　はい、味をちょっと見てください。

A：너무 매워요.　辛すぎます。
물을 더 넣어야 돼요.
水をもっと入れなくてはなりません。

単 단어 語

순두부찌개 ▶純豆腐チゲ
만들다 ▶作る
맛 ▶味
좀 ▶ちょっと
보다 ▶見る
너무 ▶とても、あまりに
맵다 *ㅂ変則活用 ▶辛い〔発音[맵따]〕
물 ▶水〔水を 물을[무를]〕
더 ▶もっと
넣다 ▶入れる〔発音[노타]　入れないと 넣어야[너어야]〕

* ㅂ変則活用(p.44)

義務を表す「～なければなりません」 22

前の課で学んだ아/어도 돼요の도を야に変えて、**아/어야 돼요**にすると、「**～なければなりません**」という義務を表す表現になります。아/어야は「～してこそ」という強い条件を表すので、아/어야 돼요を直訳すると「～してこそOKだ」という意味です。

아/어야 돼요の돼요を해요に変えて使うこともできます。

～なければ なりません(か？)

陽母音（ㅏ/ㅗ）語幹 ＋ 아야 돼요(?)

陰母音（その他）語幹 ＋ 어야 돼요(?)

例

● 陽母音語幹

戻ってくる → 戻ってこなければなりません

돌아오다　語幹 돌아오 + **아야 돼요**　**돌아와야 돼요**

母音ㅗ(陽母音)

● 陰母音語幹

入れる → 入れなければなりません

넣다　語幹 넣 + **어야 돼요**　**넣어야 돼요**

母音ㅓ(陰母音)

残す → 残さなければなりません

남기다　語幹 남기 + **어야 돼요**　**남겨야 돼요**

母音ㅣ(陰母音)

ステップアップ 23

「辛い」の「맵다」のように、語幹がパッチムㅂで終わるものは、不規則な活用をすることが多くあります。これを**ㅂ変則活用**と呼び、形容詞によく見られます。

ㅂ変則活用

いつ変則するか：母音で始まる活用語尾が続くとき

どう変則するか：パッチムㅂを取って우を入れる

辛い

맵다

語幹 **맵**
変則語幹 **매우**　（パッチムㅂを取って우を入れる）

母音で始まる活用語尾

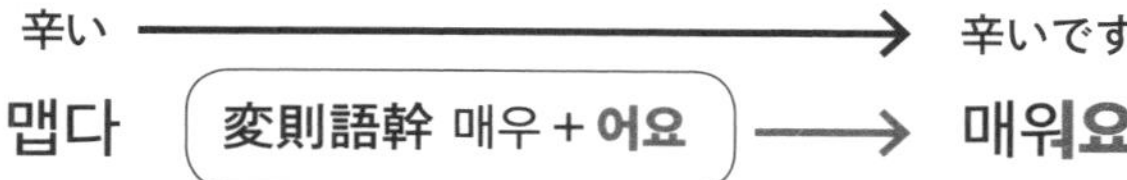

子音で始まる活用語尾

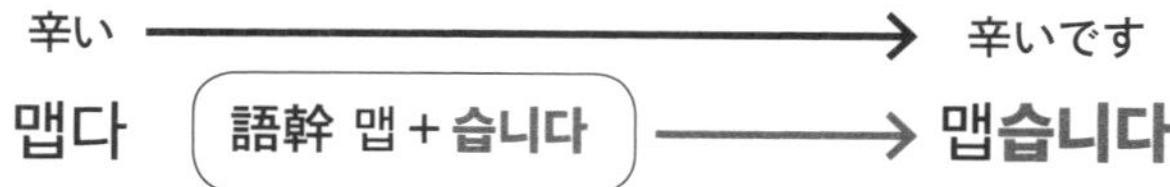

＊子音で始まる活用語尾は第2章、第3章で学びます

ㅂ変則活用する形容詞

어렵다	難しい	반갑다	（会えて）うれしい
덥다	暑い	가깝다	近い
고맙다	ありがたい	춥다	寒い
어둡다	暗い	무겁다	重い
아름답다	美しい	가볍다	軽い

練習しましょう 24

次の単語を使って文を作ってみましょう。

① あの山を超えなければなりません。（あの：저　山：산　超える：넘다）

② 早く決定しなければなりません。（早く：빨리　決定する：결정하다）

③ 駅から近くなければなりません。（駅：역　近い：가깝다）

解答：①저 산을 넘어야 돼요.〔超えなければ 넘어야 [너머야]〕

②빨리 결정해야 돼요.〔決定 결정 [결쩡]〕

③역에서 가까워야 돼요.〔駅から 역에서 [여게서]〕

제 7 과 宿題、全部やりましたか？
숙제 다 했어요？

会話を聞いてみましょう 25

A：숙제 다 했어요? 宿題、全部やりましたか？

B：네, 끝났어요. はい、終わりました。

이번 문제는 쉬웠어요. 今回の問題は簡単でした。

A：4 번과 6 번 답이 틀렸어요.

4 番と 6 番の答えが間違っています。

単 단어 語

숙제 ▶宿題〔発音［숙쩨］〕

끝나다 ▶終わる〔発音［끈나다］〕

다 ▶全部

이번 ▶今回

문제 ▶問題

쉽다 ＊ㅂ変則活用 ▶簡単だ、易しい〔発音［쉽따］〕

번 ▶番〔4番［사번］　6番［육뻔］〕

답 ▶答え〔答えが 답이［다비］〕

틀리다 ▶間違う

過去形「～ました、～でした」 26

動詞や形容詞を過去形にするには、語幹に았어요/었어요をつけます。2課で学んだヘヨ体丁寧形は、語幹に아요/어요をつけましたが、過去形は요の前にㅆ어が入り込んだ形です。

パッチムのない語幹の場合は、2課で見たように母音が縮約されます。文末に「?」をつければ疑問文になります。

～ました(か?)

陽母音（ㅏ/ㅗ）語幹　+ 았어요 (?)

陰母音（その他）語幹　+ 었어요 (?)

例

● 陽母音語幹

終わる → 終わりました

끝나다　語幹 끝나 + 았어요　**끝났어요**

母音ㅏ(陽母音)

甘い → 甘かったです

달다　語幹 달 + 았어요　**달았어요**

母音ㅏ(陽母音)

● 陰母音語幹

間違う → 間違えました

틀리다　語幹 틀리 + 었어요　**틀렸어요**

母音ㅣ(陰母音)

＊하다（する）の過去形は했어요になります。

ステップアップ 27

韓国語の過去形を日本語にするとき

p.46の会話文をよく見てみると、韓国語の過去形が日本語で「～ました」と過去形だったり、「～ています」と現在進行形になっていたりします。

네, 끝났어요. はい、終わりました。

4 번과 6 번 답이 틀렸어요. 4番と6番の答えが間違っています。

日本語では、過去に起きた出来事であっても、「～ています」と表現される場合が多いため、끝났어요も「終わっています」と言うことができます。「(すでに)終わっています」のように、「すでに」を入れて訳を考えると、過去の出来事としてよりスムーズに理解できます。

次に、過去の否定形について、次の会話を見てみましょう。

① 식사했어요? 食事しましたか？

아직 안 했어요. まだしていません。

② 식사했어요? 食事しましたか？

결국 안 했어요. 結局しませんでした。

①は「食事していません（これからします)」のように、今の時点ではまだしていないという場合で、②は「(今日は結局）食事しませんでした」のように、すでに過去の出来事として話す場合です。韓国語は両方とも過去形を使うので、話の流れ（文脈）で区別するのがポイントです。

練習しましょう 28

次の単語を使って文を作ってみましょう。

① 先月、入学しました。（先月：지난달　入学：입학）

② ボーイフレンドとけんかしました。
（ボーイフレンド：남자 친구　けんかする：싸우다）

③ 病気のせいで記憶を失いました。
（病気：병　せい：때문　記憶：기억　失う：잃다）

解答：①지난달에 입학했어요.〔先月（に）지난달에 [지난다레]　入学しました 입학했어요 [이파캐써요]〕

②남자 친구하고 싸웠어요.

③병 때문에 기억을 잃었어요.〔失いました 잃었어요 [이러써요]〕

第8과 遅れてすみません。 늦어서 미안해요 .

会話を聞いてみましょう 29

A : **늦어서 미안해요.** 遅れてすみません。

B : **전화도 안 받아서 걱정했어요.**
電話も出ないので、心配しました。

A : **늦잠을 자서 늦었어요.** 寝坊して遅れました。
밖에 나가서 우선 식사해요.
外に出て、まず食事しましょう。

単 단어 語

늦다 ▶遅れる〔発音［늗따］〕
미안하다 ▶すまない〔発音［미아나다］〕
전화 ▶電話〔発音［저놔］〕
받다 ▶受け取る、もらう〔発音［받따］〕
걱정 ▶心配〔発音［걱쩡］〕
늦잠 ▶寝坊〔発音［늗짬］〕
＊늦잠을 자다で「寝坊する」
자다 ▶寝る
밖 ▶外〔発音［박］ 外に 밖에［바께］〕
나가다 ▶出ていく
우선 ▶まず
식사 ▶食事

原因・理由①「〜ので」「〜て」 30

動詞や形容詞の語幹に**아서/어서**をつけると、늦어서「遅れたので（すまない）」や、전화를 안 받아서「電話に出ないので（心配だ）」のように、**原因や理由**を表す表現になります。また、밖에 나가서「（食事をする前の行動として）外に出て」のように動作の先行を表すこともあります。文末は現在形にも過去形にもできます。

〜ので、〜て

陽母音（ㅏ/ㅗ）語幹　＋ 아서

陰母音（その他）語幹　＋ 어서

例

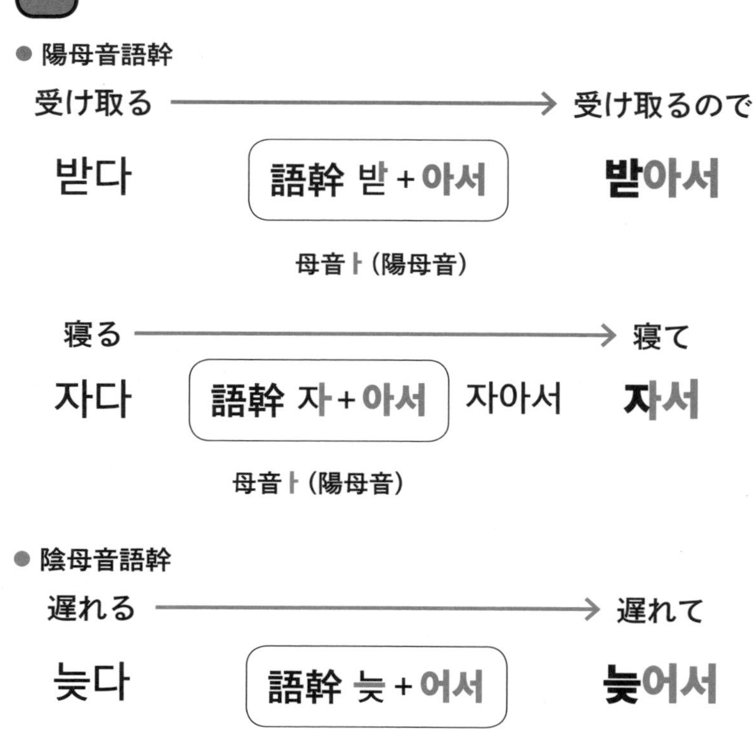

ステップアップ 31

名詞文に아서/어서をつける場合、少し形が変わります。

名詞＋だから

母音で終わる名詞　＋ 라서

パッチムで終わる名詞 ＋ 이라서

■ **母音で終わる名詞**

5％ → 5％だから

5 퍼센트 → 5 퍼센트**라서**

母音で終わる

■ **パッチムで終わる名詞**

7キロ → 7キロだから

7 킬로그램 → 7 킬로그램**이라서**

パッチムで終わる

名詞文の語幹に아서/어서をつけたそのままの形でも使うことができます。(이)라서を使う方が多いです。

7キロ**だ** → 7キロ**だから**

7 킬로그램**이다**　（語幹 이＋어서）　7 킬로그램**이어서**

母音で終わる名詞の場合、이어서が縮約します。

5％**だから**

5 퍼센트**여서**

練習しましょう　32

次の単語を使って文を作ってみましょう。

① 暑いので窓を開けました。(暑い：덥다　窓：창문　開ける：열다)

② カフェに行って勉強します。(カフェ：카페　勉強：공부)

③ 月曜日だから空いています。(月曜日：월요일　空く：비다)

解答：① 더워서 창문을 열었어요. 〔窓を 창문을 [창무늘]〕
＊덥다（暑い）はㅂ変則活用します。(変則語幹) 더우＋어서で、더워서となります

② 카페에 가서 공부해요.

③ 월요일이라서 비어 있어요.
＊「月曜日だから」は월요이어서でもかまいません

とても痛がっています。
아주 아파해요 .

会話を聞いてみましょう 33

A：**우리 아들이 계단에서 떨어졌어요.**
うちの息子が階段から落ちました。

B：**아이고, 괜찮아요?**　まあ、大丈夫ですか？

A：**다리를 다쳤어요.**　足をけがしました。
아주 아파해요.　とても痛がっています。

単 단어 語

우리 ▶私たち(の)、うち(の)
아들 ▶息子
계단 ▶階段
떨어지다 ▶落ちる〔発音[떠러지다]〕
아이고 ▶あら、まあ
＊驚いたとき、嬉しいとき、あきれたときなどに出る語

다리 ▶足
＊다리は「橋」の意味でも使います
다치다 ▶けがする
아주 ▶とても

形容詞を動詞にする表現「〜がる」「〜に思う」 34

形容詞の語幹に아/어하다をつけると「痛い→痛がる」「悲しい→悲しむ」のように動詞になります。主に感情を表す形容詞につきます。感情を表す形容詞は変則活用するものが多いので、ㅂ変則活用（p.44）と으変則活用（p.56）を先に確認しておきましょう。

感情を表す形容詞

陽母音（ㅏ/ㅗ）語幹 ＋ 아하다

陰母音（それ以外）語幹 ＋ 어하다

＊하다を해요にすれば丁寧形です

例

● **陽母音語幹**

痛い → 痛がる

아프다 【変則語幹 아ㅍ＋아하다】 **아파하다**

母音ㅏ（陽母音）

＊母音を取った形（아ㅍ）が変則語幹（p.56）

● **陰母音語幹**

ありがたい → ありがたく思う

고맙다 【変則語幹 고마우＋어하다】 **고마워하다**

母音ㅜ（陰母音）

좋아하다、싫어하다も、もともとは活用した形です。

良い 좋다	語幹 좋＋아하다	⇒ 좋아하다	良く思う……好む（好きだ）
嫌だ 싫다	語幹 싫＋어하다	⇒ 싫어하다	嫌に思う……嫌う（嫌いだ）

ステップアップ

🔊35

「痛い」の아프다は変則活用します。語幹の母音がㅡの多くは**으変則活用**をします。

으変則活用

いつ変則するか：아/어で始まる活用語尾が続くとき

どう変則するか：語幹の母音ㅡを取る

痛い

아프다

語幹 **아프**	
変則語幹 **아ㅍ**	語幹の母音ㅡを取る

아/어で始まる活用語尾

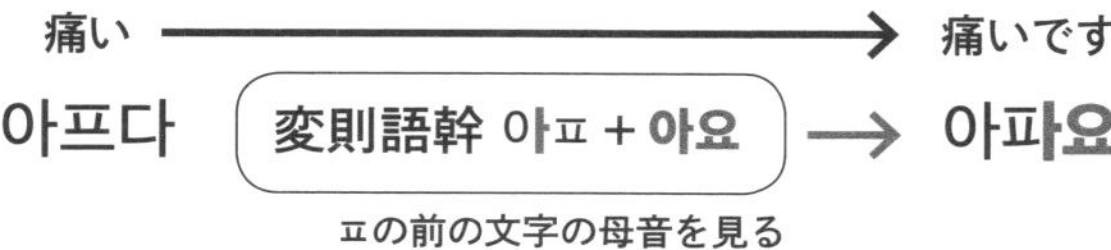

아/어以外で始まる活用語尾

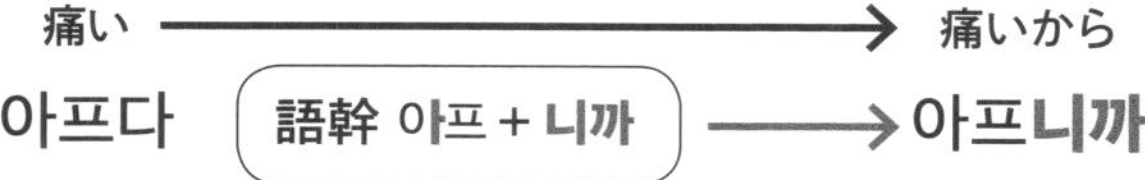

＊子音で始まる活用語尾は第2章、第3章で学びます

으変則活用するもの

〈形容詞〉

고프다 空腹だ　**나쁘다** 悪い　**바쁘다** 忙しい　**기쁘다** 嬉しい

크다 大きい　**예쁘다** かわいい　**슬프다** 悲しい

〈動詞〉

끄다 消す　**뜨다** （目を）開ける　**모으다** 集める　**쓰다** 使う・書く

練習しましょう 36

次の単語を使って文を作ってみましょう。

① 友達がすまなく思いました。(すまない：미안하다)

....

② 妹が悲しんでいます。(妹：여동생　悲しい：슬프다)

....

③ 弟が喜びました。(喜ぶ：기쁘다)

....

第1章

解答：①친구가 미안해했어요.〔すまないと思う（語幹）미안하＋여하다⇒미안해하다〕

②여동생이 슬퍼해요.〔悲しがる（悲しむ）（変則語幹）슬ㅍ＋어하다⇒슬퍼하다〕

③남동생이 기뻐했어요.〔喜ぶ・嬉しがる 기쁘다（変則語幹）기ㅃ＋어하다⇒기뻐하다〕

第10課 当ててみて。
맞혀 봐요 .

会話を聞いてみましょう 37

A : **무슨 게임이에요?** 何のゲームですか？

B : **맞혀 봐요.** 当ててみて。

A : **조금만 보여 줘요. 아, 농구 게임이에요?**
少しだけ見せて。あ、バスケットボールゲームですか？

네, 맞아요. はい、当たりです。

単 단어 語

게임 ▶ゲーム
맞히다 ▶言い当てる〔発音［마치다］〕
조금 ▶少し
~만 ▶だけ
보이다 ▶見せる
＊보이다は「見せる」の他に「見える」の意味もあります
농구 ▶バスケットボール〔漢字で「籠球」〕
맞다 ▶合う、正しい〔発音［맏따］〕

試みを表す「〜てみる」「〜てくれる」 38

보다（見る）や**주다**（くれる）を、他の動詞の後ろにつけると「**〜てみる**」「**〜てくれる**」という表現をつくることができます。「食べる」に「見る」をつけて「食べてみる」、「くれる」をつけて「食べてくれる」という具合です。

さらに文末を아요/어요の丁寧形にすると、「〜してみて（ください）」、「〜して（ください）」という命令の意味でも使えます（p.24）。

〜て みる　/くれる

陽母音（ㅏ/ㅗ）語幹　＋ 아 보다/ 주다

陰母音（それ以外）語幹 ＋ 어 보다/ 주다

例

● **陽母音語幹**

（目を）閉じる → （目を）閉じてみます 閉じてみなさい

감다　　語幹 감＋아　봐요　　**감아 봐요**

母音ㅏ（陽母音）

＊감다には「（目を）閉じる」以外に「（髪を）洗う」の意味もあります。

● **陰母音語幹**

見せる → 見せてくれます（見せてちょうだい）

보이다　　語幹 보이＋어　줘요　　**보여 줘요**

母音ㅣ（陰母音）

ステップアップ

아/어 주다(～てくれる)の주다は「くれる」「あげる」の両方の意味を持つ動詞です。状況によって意味を判断します。

책을 주다 の 2 つの意味

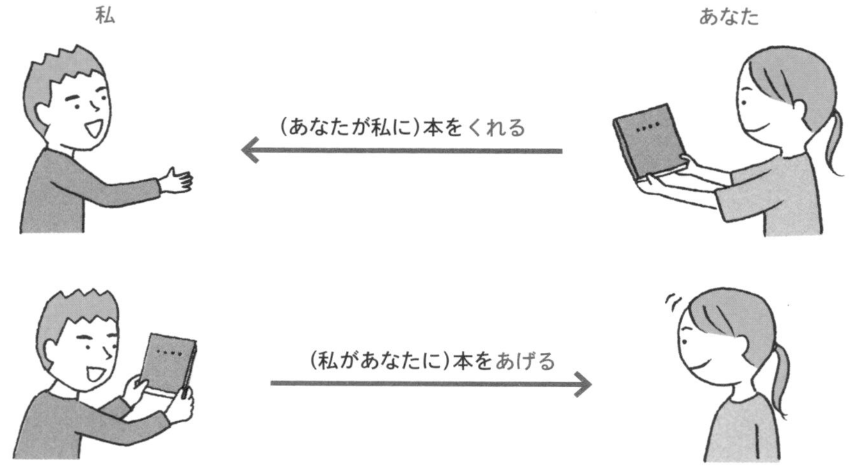

아/어 주다の場合も、意味は「～てくれる」「～てあげる」の 2 つの意味を持ちます。文末に아요/어요をつけると、丁寧、疑問、勧誘、命令として使えます。

練習しましょう 39

次の単語を使って文を作ってみましょう。

① ゆっくり言って（ください）。（ゆっくり：천천히　言う：말하다）

② 声を掛けてみて。（言葉：말　掛ける：걸다）

③ 新しい靴を履いてみて。（新しい：새　靴：신발　履く：신다）

第1章

解答：①천천히 말해 줘요.〔ゆっくり 천천히 [천처니]　言って 말해 [마래]〕

②말을 걸어 봐요.〔声を（言葉を）말을 [마를]　掛けて 걸어 [거러]〕

③새 신발을 신어 봐요.〔靴を 신발을 [신바를]　履いて 신어 [시너]〕

ひと休みコラム①

韓国語のあいさつ

韓国語で「こんにちは」は안녕하세요?（アンニョンハセヨ）です。안녕は漢字で「安寧」と書きますので、안녕하세요?を直訳すると「安寧でいらっしゃいますか？」つまり「お元気ですか？」となります。それで、「おはよう」「こんにちは」「こんばんは」のいずれにも안녕하세요?が使えるのです。

しかし、実際に韓国で暮らしたり、ドラマで描かれる生活を観察してみると、あいさつの場面で안녕하세요?以外のフレーズもよく使われています。その代表格が、

밥 먹었어요?（パム モゴッソヨ）　ご飯食べましたか？
어디 가세요?（オディ カセヨ）　どこに行きますか？

この２つです。韓国に留学して間もない日本人が「韓国人は会うたびにご飯食べたか聞く」とか「韓国人は私の私生活に干渉してくる」と不思議に思うそうです。

밥 먹었어요?（ご飯食べましたか？）は親しい間柄で使われるので、実際に食事前でおなかが空いていれば、一緒にご飯を食べに行くこともあるでしょう。

어디 가세요?はご近所さんなどから声を掛けられることが多いように感じます。あいさつの場合もあれば、本当にどこへいくのか知りたくて聞かれている場合と、両方ありえるので困るのですが、「あいさつ」の場合と「質問」の場合で、微妙にイントネーションが異なるそうです。

「あいさつ」の場合は、**어디 가세요?**と「가세요」が強く発音され、「質問」の場合は、**어디 가세요?**と「어디」が強く発音されると言われています。

とっさの会話ではそこまで判断できそうもありませんが、밥 먹었어요?や어디 가세요?が、안녕하세요?の意味でも使われるということを知っておくと、対話がしやすいですね。

第2章

子音の有無によって変わる活用語尾

第2章では、語幹の子音(パッチム)の有無によって
活用語尾が変わるパターンを見ていきます。
それぞれの違いを確認して、徐々に慣れていきましょう。

南北高校です。 남북고등학교입니다.

会話を聞いてみましょう 40

A：네, 남북고등학교입니다.　はい、南北高校です。

B：여보세요, 김 선생님 부탁합니다.
もしもし、金先生お願いします。

저 미나미 사쿠라입니다.　あの、南さくらです。

A：아, 미나미 씨!　오래간만이에요.
あぁ、南さん！　お久しぶりです。

B：김 선생님입니까?　잘 계셨습니까?
金先生ですか？　お元気でしたか？

● 単 단어 語 ●

남북 ▶南北

고등학교 ▶高校〔発音[고등학꾜] 漢字で「高等学校」と書きます〕

여보세요 ▶もしもし

선생님 ▶先生

부탁하다 ▶お願いする〔発音[부타카다]〕

저 ▶あの
＊저は「私」のほか遠くのものを指すときの「あの」の意味があり、「あのぅ」と言いよどむときにも使います

오래간만 ▶久しぶり
＊短くした오랜만の形でよく使います

잘 ▶よく

계시다 ▶いらっしゃる
＊잘 계시다(よくいらっしゃる)で、「お元気だ」の意味になります

丁寧形「〜です、ます」の活用（ハムニダ体）

41

韓国語の丁寧形「〜です、ます」は2種類あります。第1章で学習したヘヨ体と、もう1つが、この課で学ぶ「**ハムニダ体**」です。日本語にするとハムニダ体もヘヨ体も「〜です、ます」ですが、ダイアローグのように、ハムニダ体は初対面など若干かしこまった場面で使い、ヘヨ体は気軽な場面で使います。

ヘヨ体は語幹の母音を見て活用しますが、ハムニダ体は語幹にパッチムがあるかないかで活用語尾を選びます。

〜ます／ますか？

パッチムがない語幹 ＋ ㅂ니다/ ㅂ니까?

パッチムがある語幹 ＋ 습니다/ 습니까?

発音：ㅂとㄴがぶつかって鼻音化が起こります。
ㅂ니다は［ㅁ니다］、습니다は［슴니다］と発音します。

例

● パッチムがない語幹

（学校）だ ――→ （学校）です／（学校）ですか？

(학교) 이다　［語幹 이＋ㅂ니다］　(학교) 입니다
(학교) 입니까？

학교입니다は［학꾜임니다］(hakkyo-imnida)と読みます。ハッキョイムニダとならないように気をつけましょう。

● パッチムがある語幹

ある ――→ あります／ありますか？

있다　［語幹 있＋습니다］　있습니다 / 있습니까？

있습니다は［읻씀니다］(issumnida)と読みます。イッスムニダとならないように気をつけましょう。

第2章

ステップアップ 42

p.64の会話にある「잘 계셨습니까?（お元気でしたか？）」は、過去形に丁寧形の습니다がついた形です。詳しく見てみましょう。

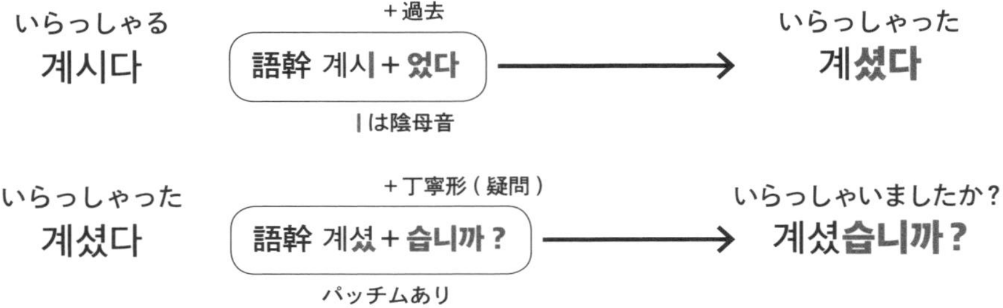

過去形の丁寧形も、ヘヨ体（1課）と、ハムニダ体（11課）の2種類があります。かしこまった場面ではハムニダ体を使いましょう。

잘 계셨습니까？
잘 계셨어요？
お元気でしたか？

잘 계시다（よくいらっしゃる）は、目上の人に対して使う尊敬語です。尊敬語を使う必要がない場合は、잘 있다（よくいる）を「元気だ」の意味で使います。있다を過去形にして、잘 있다を「元気でしたか？」と過去形にしてみましょう。

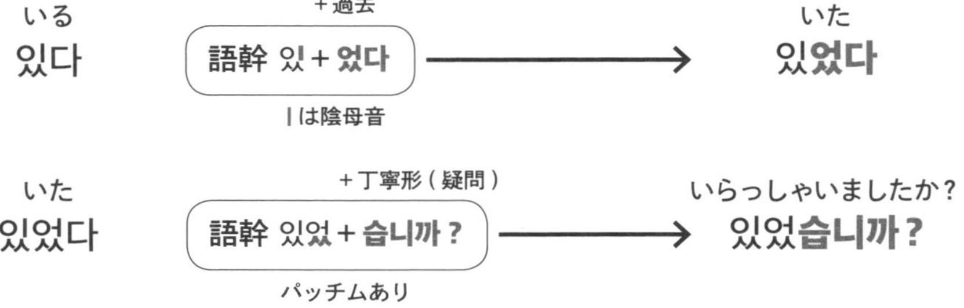

親しくない相手やかしこまった場面では、잘 있었습니까?、かしこまる必要がない場面では잘 있었어요?、と場面に応じて使い分けます。

練習しましょう 43

次の単語を使ってハムニダ体の文を作ってみましょう。

① 明日の夕方アメリカへ旅立ちます。

（明日：내일　夕方：저녁　アメリカ：미국　旅立つ：떠나다）

② 2 時間ほど横になりました。

（2 時間：두 시간　程度：정도　横になる：눕다）

③ 今週は先週より暖かいです。

（今週：이번 주　先週：지난주　〜より：보다　暖かい：따뜻하다）

解答：①내일 저녁에 미국으로 떠납니다.〔夕方 저녁에 [저녀게]　アメリカ미국으로 [미구그로]　旅立ちます 떠납니다 [떠남니다]〕

＊助詞の로は、미국にパッチムがあるので으が入ります。「〜に向かって」という方向を表す助詞です

②두 시간 정도 누웠습니다.〔横になりました 누웠습니다 [누원씀니다]〕

＊눕다はㅂ変則活用します。（変則語幹）누우＋었다（過去）＋습니다（丁寧）⇒누웠습니다

③이번 주는 지난주보다 따뜻합니다.〔暖かい 따뜻하다 [따뜨타다]　暖かいです 따뜻합니다 [따뜨탐니다]〕

＊이번 주（今週）は分かち書きしますが、지난주（先週）は分かち書きしません

제12과 お疲れですか？
피곤하세요？

会話を聞いてみましょう 44

A：**피곤하세요?**　お疲れですか？

B：**네, 감기 들었어요.**　ええ、風邪をひきました。
요즘 좀 바빠서요　最近ちょっと忙しくて。

A：**그래요?　그럼 집에서 푹 쉬세요.**
そうですか？　では家でゆっくりお休みください。

単 단어 語

피곤하다 ▶疲れている〔発音［피고나다］〕
감기 ▶風邪
＊감기(가) 들다（風邪が入る）で、「風邪をひく」の意味になります
바쁘다 ▶忙しい
＊으変則（変則語幹）바ㅃ＋아서 ⇒바빠서　文が完結していませんが、最後に요をつければ丁寧形です

그래요(?) ▶そうです（か？）
그럼 ▶では
집 ▶家
푹 ▶ゆっくり、ぐっすり
쉬다 ▶休む

尊敬表現「～なさいます」「～なさい」 45

韓国語の尊敬形は語幹に시をつけます。ここでは시（尊敬）＋어요（丁寧）の形を学びます。시＋어요は셔요ですが、発音しやすくするために세요となります。

1課（p.23）で見たように、ヘヨ体の아요/어요が動詞にくっつく場合、丁寧の意味の他に命令の意味もありますので、세요も、①尊敬の丁寧と②尊敬の命令の両方の意味で使われます。形容詞にくっつく場合は尊敬の丁寧の意味のみで使われます。

① 尊敬の丁寧：～なさいます(か？)
② 尊敬の命令：～なさい

パッチムがない語幹 ＋ 세요

パッチムがある語幹 ＋ 으세요

＊尊敬の命令を日本語にする場合、目上の人に対して「～なさい」とは言わないので、「～てください」と表現されることが多いです。

例

● **パッチムがない語幹**

休む ⟶ お休みになります（か？）

쉬다　　語幹 쉬＋세요　　**쉬세요 (?)**

● **パッチムがある語幹**

脱ぐ ⟶ お脱ぎになります(か？)
お脱ぎなさい

벗다　　語幹 벗＋으세요　　**벗으세요 (?)**

＊次の動詞は(으)시다の形にするのではなく、決まった単語を使います。

먹다　食べる ｝ **드시다**(召し上がる)
마시다　飲む ｝ **잡수시다**(召し上がる)
자다　寝る ⇒ **주무시다**(お休みになる)
있다　いる ⇒ **계시다**(いらっしゃる)
　　　ある ⇒ **있으시다**(ございます)

ステップアップ 46

韓国語の尊敬は**시**で表します。尊敬の形をつくってから、それを丁寧形にしたり過去形にしたりするしくみを詳しく見てみましょう。

尊敬形（～れる／られる、お～になる）

パッチムがない語幹 ＋ 시다

パッチムがある語幹 ＋ 으시다

例

休む ⟶ お休みになる

쉬다 （語幹 쉬＋**시다**） 쉬**시**｜다

- 어요 ⟶ 쉬**세**요（쉬셔요）　お休みになります
- 었어요 ⟶ 쉬**셨**어요　お休みになりました
- ㅂ니다 ⟶ 쉬**십**니다　お休みになります

POINT

儒教的な習慣が残っている韓国では、年長者を敬うことを大切にしています。それは言葉遣いにも表れていて、年長者に対しては必ず尊敬語を使います。尊敬語を使う頻度が高いので、韓国語の尊敬形は、つくり方がとてもシンプルで使いやすいです。

また、日本では自分の身内や同じ会社の人のことを他人に話すときに「母は家にいらっしゃいます」などの尊敬語を使いませんが、韓国語では身内に対しても「어머니는 집에 계세요（母は家にいらっしゃいます）」と尊敬語を使います。

練習しましょう 47

次の単語を使ってハムニダ体の文を作ってみましょう。

① 単語を 100 個暗記しなさい。
(単語：단어　100 個：백 개　暗記する：외우다)

② 普通、何時に起きられますか？
(普通：보통　何時：몇 시　起きる：일어나다)

③ 声が美しいです（美しくていらっしゃいます）。
(声：목소리　美しい：아름답다)

第2章

解答：①단어를 백 개 외우세요.〔単語 단어 [다너]　100 個 백 개 [백깨]〕

②보통 몇 시에 일어나세요?〔何時 몇 시 [멷씨]〕

③목소리가 아름다우세요.〔声 목소리 [목쏘리]〕
＊尊敬の（으）시다は母音始まりの活用語尾なので、아름답다は変則活用します。
（変則語幹）아름다우＋세요⇒아름다우세요

第13과 こちら側に50m行くと大通りがあります。
이쪽으로 50 미터 가면 큰길을 나와요 .

会話を聞いてみましょう 48

A : **이 근처에 편의점이 없어요?**

この近くにコンビニはありませんか？

B : **이쪽으로 50 미터 가면 큰길이 나와요.**

こちら側に 50 メートル行くと大通りがあります。

거기서 오른쪽으로 돌면

そこで右に曲がると

길 맞은편에 편의점이 보여요.

道の向かい側にコンビニが見えます。

単 단어 語

근처 ▶近く〔漢字で「近処」〕

편의점 ▶コンビニ〔発音［펴니점］　漢字で「便宜店」〕

이쪽 ▶こちら側、こっち
＊그쪽（そっち）저쪽（あっち）もあわせて覚えておきましょう

미터 ▶メートル

큰길 ▶大通り

나오다 ▶出てくる

오른쪽 ▶右側
＊왼쪽（左側）もあわせて覚えておきましょう

돌다 ▶曲がる

길 ▶道

맞은편 ▶向かい側〔発音［마즌편］〕

보이다 ▶見える
＊보이다は「見える」と「見せる」の両方の意味があります

仮定「～たら」「～と」 49

「（もし）～したら」という仮定の意味を、韓国語では면で表します。パッチムで終わる語幹には으면がつきます。

～たら／～と

パッチムがない語幹 ＋ 면

パッチムがある語幹 ＋ 으면

● パッチムがない語幹

行く → 行くと

가다　語幹 가＋면　가면

● パッチムがある語幹

短い → 短いなら

짧다　語幹 짧＋으면　짧으면　[짤브면]

＊パッチムがある語幹であってもそのパッチムがㄹの場合は、으が入りません。

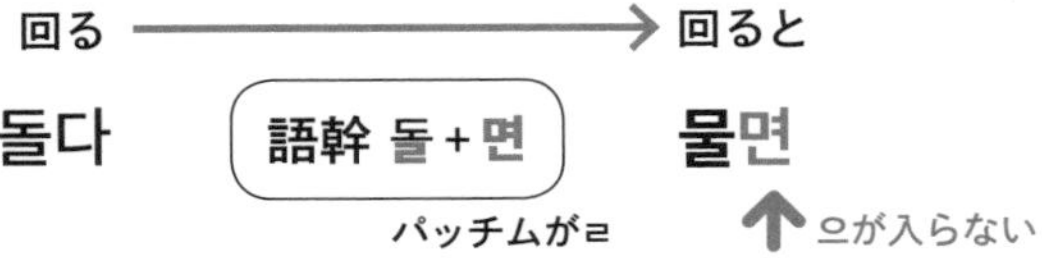

第2章

ステップアップ 50

仮定の면の後に、돼요（OKです、いいです）、안 돼요（だめです）、어때요?（どうですか?）などを続けると、いろいろな表現をつくることができます。

(으)면 돼요　～ればいいです

(으)면 안 돼요　～たらだめです

(으)면 어때요?　～てはどうですか?

버리다（捨てる）

버리면 돼요.　捨てればいいです。

버리면 안돼요.　捨ててはだめです。

버리면 어때요?　捨てたらどうですか?

씻다（洗う）

씻으면 돼요.　洗えばいいです。

씻으면 안돼요.　洗ってはだめです。

씻으면 어때요?　洗ったらどうですか?

練習しましょう 51

次の単語を使って文を作ってみましょう。

① ここにハンコを押せばいいです。
(はんこ：도장　(はんこを) 押す：찍다)

② 中国に留学したらどうですか？(中国：중국　留学：유학)

③ 1 週間に 2 回以上遅刻してはいけません。
(1 週間：일주일　2 回：두 번　以上：이상　遅刻：지각)

解答：① 도장을 찍으면 돼요.〔押せば 찍으면 [찌그면]〕
＊찍다は他に「사진을 찍다 (写真を撮る)」のようにも使います

② 중국에 유학을 가면 어때요?
＊日本語では「留学する」と言いますが、韓国語では유학을 가다 (留学を行く) と表現します

③ 일주일에 두 번 이상 지각하면 안돼요.〔1 週間 일주일 [일쭈일]　遅刻しては 지각하면 [지가카면]〕
＊번は、漢数字につけると일번 (1 番)、이번 (2 番) のように順番を表し、固有数字につけると한 번 (1 回)、두 번 (2 回) のように回数を表します

距離が遠いから地下鉄に乗りなさい。
거리가 머니까 지하철을 타세요 .

会話を聞いてみましょう 52

A : **극장까지 얼마나 걸려요?**
映画館までどのくらいかかりますか？

B : **버스로 가면 1 시간 걸려요.** バスで 1 時間かかります。
거리가 머니까 지하철을 타세요.
距離が遠いから地下鉄に乗りなさい。
버스보다 전철이 편해요.
バスより電車が楽です。

単 단어 語

극장 ▶映画館、劇場
＊かつては同じ施設で、映画と芝居などの公演が行われていたので映画館も「극장(劇場)」と呼ばれています

얼마나 ▶どのくらい

걸리다 ▶(時間が／病気に) かかる、ひっかかる

버스 ▶バス

거리 ▶距離
＊거리には「街、通り」という意味もあります

멀다 ▶遠い

지하철 ▶地下鉄

타다 ▶乗る
＊「～に乗る」は～를/을 타다と助詞の를/을を使います

전철 ▶電車〔漢字で「電鉄」〕

편하다 ▶楽だ、便利だ〔発音［펴나다］〕

原因・理由②「〜から」「〜ので」 53

動詞や形容詞の語幹に니까をつけると、原因や理由を表すことができます。パッチムのある語幹には으니까をつけます。

〜から／〜ので

パッチムがない語幹 ＋ 니까

パッチムがある語幹 ＋ 으니까

● パッチムがない語幹

（値段が）安い → （値段が）安いから

싸다　　語幹 싸＋니까　　싸니까

● パッチムがある語幹

低い → 低いから

낮다　　語幹 낮＋으니까　　낮으니까

＊原因や理由を表すには、아서/어서（8課）も同様に使えますが、文末が命令の場合については（으）니까を用います。

싸다＋니까 ＝安いから

安いから買いました
○ 싸니까 샀어요

安いから買いなさい
○ 싸니까 사세요

싸다＋아서 ＝安いから

安いから買いました
○ 싸서 샀어요

安いから買いなさい
× 싸서 사세요

第2章

ステップアップ 54

「遠い」の멀다は(으)니까をつけるとき語幹のパッチムㄹが脱落します。このように、語幹のパッチムがㄹの動詞や形容詞は、活用するときに時々パッチムㄹが脱落します。

ㄹ語幹

SPrN（スポン）で始まる活用語尾がつくときにパッチムㄹが脱落
ㅁとㄹで始まる活用語尾の時は으が入らない

만들다（作る）を例に見てみましょう。

SPrN の活用語尾（主なもの）

S = 세요
만들다 + **세요** ⇒ 만드세요？ 作られますか？

P = ㅂ니다
만들다 + **ㅂ니다** ⇒ 만듭니다 作ります

r = ㄹ까요
만들다 + **ㄹ까요** ⇒ 만들까요？ 作りましょうか？（19 課）

N = 니까
만들다 + **니까** ⇒ 만드니까 作るので

ㅁとㄹで始まる活用語尾（主なもの）

ㅁ = (으) 면
만들다 + **면** ⇒ 만들면 作るなら

ㄹ = (으) 러
만들다 + **러** ⇒ 만들러 作りに（15 課）

SPrN 以外の活用語尾（主なもの）

만들다 + **어요** ⇒ 만들어요 作ります
만들다 + **고 싶다** ⇒ 만들고 싶다 作りたい（22 課）

練習しましょう 55

次の単語を使って文を作ってみましょう。

① 米が足りないのでもっと買いなさい。(米：쌀　足りない：모자라다)

....

② つまらないから見ませんでした。(つまらない：재미없다　見る：보다)

....

③ 意見が異なるから面白いです。
(意見：의견　異なる：다르다　面白い：재미있다)

....

第2章

解答：① 쌀이 모자라니까 더 사세요.〔米が 쌀이 [싸리]〕

② 재미없으니까 안 봤어요.〔つまらない 재미없다 [재미업따]　つまらないから 재미없으니까 [재미업스니까]〕

③ 의견이 다르니까 재미있어요.〔面白い 재미있다 [재미읻따]　面白いです 재미있어요 [재미이써요]〕

本を借りに行きます。
책을 빌리러 가요.

会話を聞いてみましょう 56

A：**오늘도 도서관에 가요?** 今日も図書館に行きますか？

B：**네, 책을 빌리러 가요.** はい、本を借りに行きます。
다음 주에 시험이 있어서 来週、試験があるので、
준비해야 돼요. 準備しなければなりません。

単 단어 語

오늘 ▶今日
도서관 ▶図書館
책 ▶本
빌리다 ▶借りる
다음 주 ▶来週、翌週〔発音[다음 쭈]〕
＊다음が「次の」なので、다음 날(日)は「翌日」、다음 달(月)は「来月、翌月」、다음 해(年)は「来年、翌年」の意味になります
시험 ▶試験
＊「試験を受ける」は시험을 보다といい、動詞の보다(見る)を使います
준비 ▶準備

目的「～しに(行く)」 57

動詞の語幹に러をつけて、動作の目的を表します。パッチムのある語幹には으러をつけます。

～しに(行く)

パッチムがない語幹 ＋ 러

パッチムがある語幹 ＋ 으러

例

● パッチムがない語幹

借りる → 借りに

빌리다　語幹 빌리＋러　**빌리러**

● パッチムがある語幹

探す → 探しに

찾다　語幹 찾＋으러　**찾으러**

＊p.80で見たように、ㄹ語幹の動詞に러をつけるときは、으を入れません。

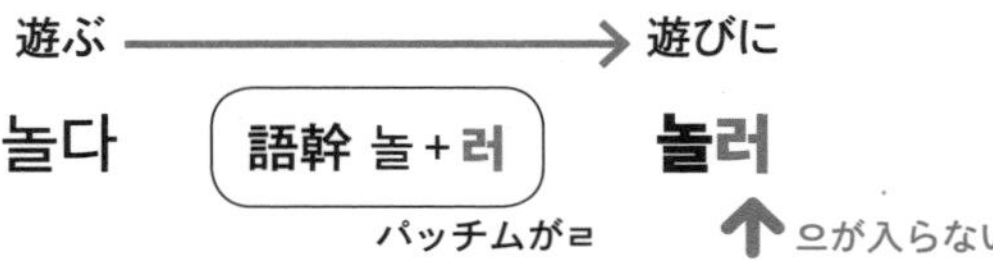

놀러 가요.　遊びに行きます。

ステップアップ 58

動作の目的を表す러の後ろには、가다（行く）、오다（来る）、다니다（通う、行き来する）などの移動を表す動詞が続きます。

먹으러　가요　　食べに行きます
　　　　와요　　食べに来ます
　　　　다녀요　食べに通います

過去の出来事であれば文末を過去形にします。

먹으러　갔어요　　食べに行きました
　　　　왔어요　　食べに来ました
　　　　다녔어요　食べに通いました

POINT

音が似ている漢字語

p.80の会話に出てきた도서관（図書館）준비（準備）は、ハングルを読めばそのまま日本語の意味がわかります。音が似ていて、さらに後ろに하다をつければ動詞としても使えるお得な単語をご紹介します。

독서（読書）독서하다　　**계산**（計算）계산하다［계사나다］
의미（意味）의미하다　　**기억**（記憶）기억하다［기어카다］
주의（注意）주의하다　　**약속**（約束）약속하다［약쏘카다］
운동（運動）운동하다　　**도착**（到着）도착하다［도차카다］
실례（失礼）실례하다　　**계속**（継続）계속하다［계소카다］（続ける）

練習しましょう　59

次の単語を使って文を作ってみましょう。

① 昨日、魚を捕まえに行きました。
(昨日：어제　魚：물고기　捕まえる：잡다)

② ピアノの練習をしに行きます。(ピアノ：피아노　練習：연습)

③ 写真を撮りにいろいろな国を行き来しています。
(写真：사진　撮る：찍다　いろいろな国：여러 나라　行き来する：다니다)

第2章

解答：①어제 물고기를 잡으러 갔어요.〔捕まえに 잡으러 [자브러]〕
＊물고기は「生き物」としての魚、생선は「食べ物」としての魚を指します

②피아노 연습하러 가요.〔練習しに 연습하러 [연스파러]〕

③사진을 찍으러 여러 나라를 다녀요.〔撮りに 찍으러 [찌그러]〕

第16과 CDを出そうと準備中です。
음반을 내려고 준비 중입니다.

音声を聞いてみましょう 60

A：**팬 여러분, 안녕하세요?**
ファンのみなさん、こんにちは。

인터넷을 통해서 인사드립니다.
インターネットを通じてごあいさつします。

저는 지금 음반을 내려고 준비 중입니다.
私は今、CD を出そうと準備中です。

새 음반 많이 사랑해 주세요.
新しい CD、応援してください。

単 단어 語

팬 ▶ファン
여러분 ▶みなさん
인터넷 ▶インターネット
통하다 ▶通じる
인사 ▶あいさつ
드리다 ▶差し上げる
＊인사를 드리다(あいさつを差し上げる)で、「ご挨拶する」という謙譲語になります
지금 ▶今

음반 ▶CD、レコード〔漢字で「音盤」〕
＊CDは시디ともいいます
내다 ▶出す
중 ▶(〜している)最中
사랑 ▶愛
＊사랑해 주세요は直訳すると「愛してください」ですが、「ごひいきにしてください」「応援してください」という意味でよく使われます

意図を表す「～しようと(する)」 61

動詞の語幹に**려고**をつけて、**動作の意図**を表します。パッチムのある語幹には으려고をつけます。

p.81の目的を表す(으)러と同じように、ㄹ語幹の場合は으が入りません。

～しようと

パッチムがない語幹 ＋ 려고

パッチムがある語幹 ＋ 으려고

第2章

例

● パッチムがない語幹

出す → 出そうと

내다　語幹 내＋려고　**내려고**

● パッチムがある語幹

着る → 着ようと

입다　語幹 입＋으려고　**입으려고**

＊後ろに하다をつけると、(으) 려고 하다「～しようとする／思う」という表現になります。

내려고 해요.　出そうと思います。

입으려고 해요.　着ようと思います。

＊려고の後に요つけて文を終わらせることもできます。

내려고요.　出そうと思います

입으려고요.　着ようと思います。

ステップアップ 62

(으)려고 하다の後ろに、13課（p.73）で学んだ仮定を表す면をつけて(으)려고 하면とすると、「～しようとすれば」「～しようとすると」という意味になります。

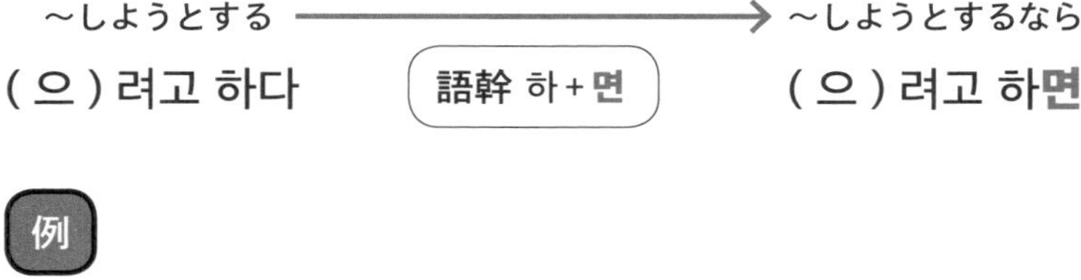

例

出そうとする → 出そうとするなら

내려고 하다 　語幹 하+면　 내려고 하면

(으) 려고 하면の「고 하」は省略して使われることが多いです。

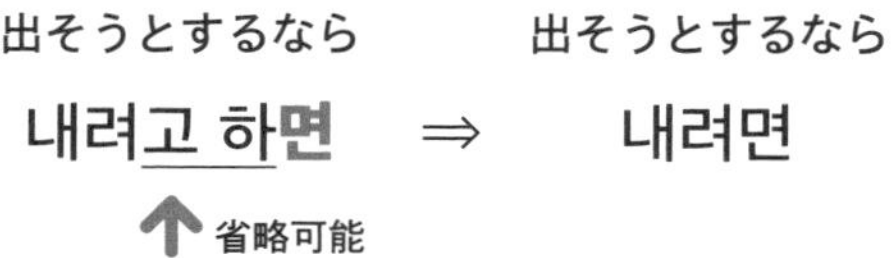

レコードを出そうとするなら、どのようにしなければなりませんか？

음반을 내려면 어떻게 해야 돼요？

＊어떻게 해야 돼요?（どのようにしなければなりせんか？）は、日本語の「どうすればいいですか？」のニュアンスで使われます。

練習しましょう　63

次の単語を使って文を作ってみましょう。

① タバコをやめようと努力中です。
（タバコ：담배　断つ：끊다　努力：노력）

② 結婚式の日取りを決めようと思います。
（結婚式：결혼식　日取り：날짜　決める：잡다）

③ お金を貯めようとアルバイトしています。
（お金：돈　集める、貯める：모으다　アルバイト：아르바이트）

第2章

解答：① 담배를 끊으려고 노력 중이에요.〔断つ 끊다 [끈타]　断とうと 끊으려고 [끄느려고]〕

② 결혼식 날짜를 잡으려고 해요.〔結婚式 결혼식 [겨론식]〕
＊잡다は「つかむ、捕まえる」の意味でよく使いますが、날짜를 잡다（日取りをつかむ）で「日取りを決める」という意味になります

③ 돈을 모으려고 아르바이트해요.
＊아르바이트は略して알바ともいいます

第17과 もう少し明るい色がいいです。
조금 더 밝은 색이 좋아요 .

会話を聞いてみましょう 64

A : 이 검은 가방이 잘 어울리세요.
この黒いカバンがとてもお似合いです。

B : 조금 더 밝은 색이 좋아요.
もう少し明るい色がいいです。

A : 이 색깔이 여성에게 인기가 있어요.
この色は女性に人気があります。

B : 저기 흰 걸 보여 주세요.
あちらの白いのを見せてください。

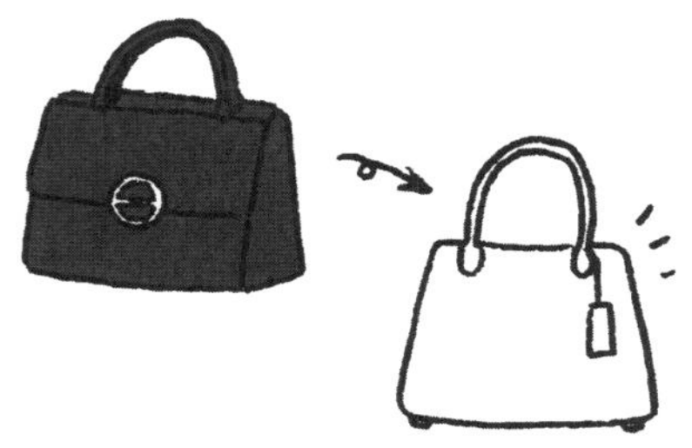

単 단어 語

검다 ▶黒い〔発音[검따]〕
가방 ▶カバン
색 ▶色
밝다 ▶明るい〔発音[박따]〕
어울리다 ▶似合う
색깔 ▶色、色彩
여성 ▶女性
＊남성(男性)もあわせて覚えておきましょう
인기 ▶人気
저기 ▶あちら
희다 ▶白い〔発音[히다]〕

形容詞の連体形「～い／な〈名詞〉」 65

「明るい色」の「明るい」のように、名詞（ここでは「色」）を修飾する形を**連体形**といいます。韓国語の形容詞の場合は、語幹にㄴ/은をつけます。日本語は「若い」「黒い」など「い」で終わるものを形容詞、「静かだ」「きれいだ」など「だ」で終わるものを形容動詞と呼んでいますが、韓国語はいずれも形容詞に分類し、活用の仕方も同じです。

～い／な〈名詞〉

パッチムがない語幹 ＋ ㄴ

パッチムがある語幹 ＋ 은

例

● パッチムがない語幹

白い ──→ 白い（色）

희다　［語幹 희＋ㄴ］　**흰（색）**

● パッチムがある語幹

黒い ──→ 黒い（色）

검다　［語幹 검＋은］　**검은（색）**

＊ ㄹ語幹の場合

パッチムㄹが脱落してㄴがつきます。

長い　ㄴで始まる　長い（時間）

길다　［語幹 길＋ㄴ］ ⟶ **긴**（시간）

ㄹが脱落

＊ ㅂ語幹の場合

形容詞の連体形ㄴ/은は「母音で始まる活用語尾」ですので、変則活用します。

暗い　暗い（夜）

어둡다　［変則語幹 어두우＋ㄴ］ ⟶ **어두운**（밤）

語幹のパッチムㅂ取って우入れる

ステップアップ 66

動詞と形容詞の基本的な連体形をまとめました。これ以外の形もありますが、初級ではまず下記の形を押さえておきましょう。

	語幹	現在	過去	未来
形容詞	パッチムなし	ㄴ	(던)	ㄹ
	パッチムあり	은		을
動詞	パッチムなし	는	ㄴ	ㄹ
	パッチムあり		은	을
指定詞	이다	ㄴ	(던)	ㄹ
存在詞	있다 / 없다	는	(던)	을

＊指定詞は이다(～だ)／아니다(～でない)です
＊맛있다(おいしい)／재미없다(つまらない)なども存在詞に含まれます

● 連体形未来は日本語には反映されません。

입다 (着る) の場合

(いつも) 着る服　입는 옷 [임는 옫]
(明日) 着る服　입을 옷 [이블 옫]
(昨日) 着た服　입은 옷 [이븐 옫]

● パッチムㄹが脱落するㄹ語幹を確認しましょう。

만들다 (作る) の場合

(いつも) 作る物　만드는 것
(今度) 作る物　만들 것
(以前) 作った物　만든 것

練習しましょう　67

次の単語を使って文を作ってみましょう。

① それはとても良い方法です。
（それ：그것　とても：참　良い：좋다　方法：방법）

② 誰がこんなに高い時計をくれましたか？
（誰が：누가　このように：이렇게　（値段が）高い：비싸다　時計：시계）

③ 健康に悪い食べ物に注意しなさい。
（健康：건강　悪い：나쁘다　食べ物：음식　注意：주의）

解答：① 그건 참 좋은 방법이에요.〔良い 좋은 [조은]
＊「それは」は그것은ですが、会話ではよく縮約して그건となります〕

② 누가 이렇게 비싼 시계를 줬어요?〔このように 이렇게 [이러케]〕
＊「誰」は누구ですが、「誰が」は누가になります

③ 건강에 나쁜 음식에 주의하세요.〔注意 주의 [주이]〕

第18과 必ず勝つと思います。
꼭 이길 거예요.

会話を聞いてみましょう 68

A：이달 시합에서는 지면 절대 안돼요.
今月の試合では負けたら絶対だめです。

B：그런데 젊은 선수들이 많아서 でも、若い選手が多くて
걱정이에요. 心配です。

C：늘 열심히 하니까 꼭 이길 거예요.
いつも頑張っているから必ず勝つと思います。

単 단어 語

이달 ▶今月
시합 ▶試合
＊시합（試合）に에서（で）＋는（は）と助詞が二つついています
지다 ▶負ける
절대 ▶絶対〔発音［절때］〕
그런데 ▶ところで、だけど
젊다 ▶若い〔発音［점따］〕
선수 ▶選手
많다 ▶多い
걱정 ▶心配
늘 ▶いつも
열심히 ▶熱心に〔発音［열시미］〕
＊열심히（熱心に）＋하다（する）で「頑張る」
꼭 ▶必ず、きっと
이기다 ▶勝つ

連体形の応用「～でしょう」 69

連体形未来ㄹ/을に거예요をつけると「～でしょう」という未来を表す表現になります。거예요は것이에요の縮約形です。것が名詞なので、その前の語は連体形になります。

ㄹ/을 거예요は、文脈に応じて「～でしょう」「～と思います」などの日本語訳になります。

～でしょう

パッチムがない語幹 ＋ ㄹ 거예요

パッチムがある語幹 ＋ 을 거예요

＊ㄹ/을 거예요は[ㄹ/을 꺼에요]と発音されます。

第2章

例

● パッチムがない語幹

勝つ ――→ 勝つでしょう

이기다　語幹 이기＋ㄹ 거예요　**이길 거예요**

● パッチムがある語幹

同じだ ――→ 同じでしょう

같다　語幹 같＋을 거예요　**같을 거예요**

＊ㄹ語幹の場合

暮らす　ㄹで始まる　暮らすでしょう

살다　語幹 살＋ㄹ 거예요 → 살 거예요

ㄹが脱落

＊ㅂ変則の場合

連体形未来ㄹ/을は「母音で始まる活用語尾」ですので、変則活用します。

難しい　難しいでしょう

어렵다　変則語幹 어려우＋ㄹ 거예요 → 어려울 거예요

ステップアップ 70

連体形未来ㄹ/을の後ろに때（時）という名詞をつけると「〜するとき」という表現になります。

〜するとき

語幹＋ㄹ/을 때

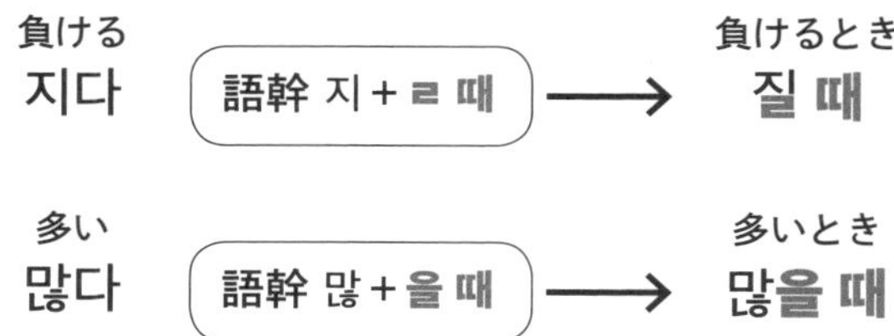

例

時間が多いとき（暇なとき）、絵を描きます。

시간이 많을 때 그림을 그려요.

試合に負けるとき、心が痛いです。

시합에 질 때 마음이 아파요.

＊때という名詞の前には、常に連体形未来ㄹ/을がきます。「〜したとき」のように過去形をつなげるときにもㄹ/을を使います。

練習しましょう 71

次の単語を使って文を作ってみましょう。

① 7 時に空港に到着すると思います。
(7 時：일곱 시　空港：공항　到着：도착)

② 来月上級クラスに上がる予定です。
(来月：다음 달　上級クラス：고급반　上がる：올라가다　予定：예정)

③ 金曜日までにすべて終えるつもりです。
(金曜日：금요일　すべて：모두　終える：마치다　考え (つもり)：생각)

第2章

解答：①일곱 시에 공항에 도착할 거예요. 〔到着する 도착하다 [도차카다]〕

②다음 달에 고급반에 올라갈 예정이에요. 〔来月 다음 달 [다음 딸]〕
＊韓国語は다음 달에と에が入ります。

③금요일까지 모두 마칠 생각이에요. 〔金曜日 금요일 [그묘일]〕
＊日本語は「金曜日までに」と「に」が入りますが、韓国語は금요일까지となり에は入りません

제 19 과 ニュースを聞きましょうか？
뉴스를 들을까요？

会話を聞いてみましょう 72

A：**아홉 시 뉴스를 들을까요?**
9 時のニュースを聞きましょうか？

B：**텔레비전을 켤게요.** テレビをつけますね。

A：**그런데 먼저 라디오를 꺼 줘요.**
だけど、まずラジオを消して。

B：**아, 미안해요.**
あ、ごめんなさい。

単 단어 語

아홉 ▸九つ、9
뉴스 ▸ニュース
듣다 ▸聞く〔発音[듣따]〕
텔레비전 ▸テレビ
＊日常では티비(TV)の方をよく使います
켜다 ▸(電気製品などを)つける
그런데 ▸ところで、でも
먼저 ▸まず、先に
라디오 ▸ラジオ
끄다 ▸消す

連体形の応用「～します」「～しましょうか？」 73

語幹にㄹ/을게요をつけると話し手の意思・意図を表し、語幹にㄹ/을까요?をつけると相手の意向・意見を尋ねる表現になります。

話し手の意思を表す

パッチムがない語幹 ＋ ㄹ게요

パッチムがある語幹 ＋ 을게요

相手の意向を尋ねる

パッチムがない語幹 ＋ ㄹ까요?

パッチムがある語幹 ＋ 을까요?

例

● パッチムがない語幹

つける → つけますね

켜다　語幹 켜＋ㄹ게요　**켤게요**

→ つけましょうか？

語幹 켜＋ㄹ까요　**켤까요?**

● パッチムがある語幹

閉める → 閉めますね

닫다　語幹 닫＋을게요　**닫을게요**

→ 閉めましょうか？

語幹 닫＋들까요?　**닫을까요?**

ステップアップ 🔊74

「聞く」の듣다のように語幹がパッチムㄷで終わるものの一部は変則活用します。このㄷ**変則活用**をするものはそれほど多くありません。

また、語幹がパッチムㄷで終わっていても、닫다（閉める）、받다（もらう）、얻다（手に入れる）などは変則活用しません。

ㄷ変則活用

いつ変則するか：母音で始まる活用語尾が続くとき

どう変則するか：パッチムㄷがㄹに変わる

聞く
듣다

語幹 듣
変則語幹 들 （パッチムㄷをㄹに）

母音で始まる活用語尾

聞く → 聞きますね

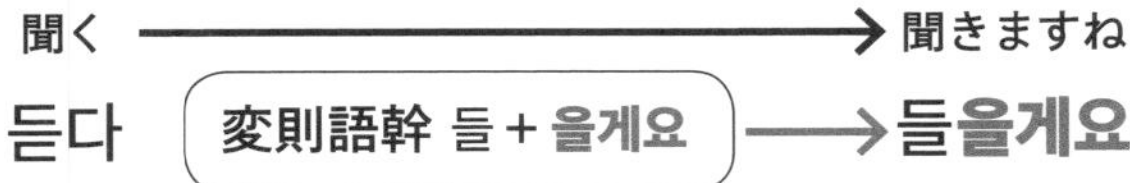

子音で始まる活用語尾

聞く → 辛いです

練習しましょう 75

次の単語を使って文を作ってみましょう。

① コーヒーショップで待ちますね。
（コーヒーショップ：커피숍　待つ：기다리다）

② 夏休みの計画を一緒に立てましょうか？
（夏休み：여름 방학　計画：계획　一緒に：같이　立てる：세우다）

③ 駅まで歩きますね。（駅：역　歩く：걷다）

第2章

解答：① 커피숍에서 기다릴게요.〔コーヒーショップで 커피숍에서 [커피쇼베서]〕

② 여름 방학 계획을 같이 세울까요?〔一緒に 같이 [가치]〕
＊같이は [가티] ではなく [가치] と発音します

③ 역까지 걸을게요.〔歩きます 걸을게요 [거를께요]〕
＊걷다は変則活用します。(変則語幹) 걸＋을게요⇒걸을게요

第20課 教授にお話しした後で決めましょう。
교수님께 말씀드린 후에 정해요 .

会話を聞いてみましょう 76

A：**발표 순서를 바꿔도 돼요?**

発表の順序を変更してもいいですか？

저, 마지막에 할게요. あのぅ、最後にやります。

B：**교수님께 말씀드린 후에 정해요.**

教授にお話しした後で決めましょう。

A：**네, 알았어요.**

はい、わかりました。

単 단어 語

발표 ▶発表

순서 ▶順序

바꾸다 ▶変更する、変える

저 ▶あのぅ
＊저は「私」「あの<名詞>」の他に、「あのぅ」と言いよどむときにも使います

마지막 ▶最後

교수님 ▶教授
＊교수が「教授」で님は敬称です。「教授に」の助詞「に」は通常에게を使いますが、目上の人には께を使います

말씀드리다 ▶お話する
＊말씀は말の尊敬語です

후 ▶後

정하다 ▶決める

알다 ▶わかる、知る

連体形の応用「～した後」 77

動詞の連体形過去ㄴ/은の後に、후（後）や다음（次）、뒤（後）などの名詞をつなげると「～した後」「～してから」という意味になります。助詞の에をつければ、「～した後に」と言うこともできます。

～した後(に)

パッチムがない語幹 ＋ ㄴ 후(에)

パッチムがある語幹 ＋ 은 후(에)

例

● パッチムがない語幹

お話しする → お話した後

말씀드리다　語幹 말씀드리＋ㄴ 후　**말씀드린 후**

● パッチムがある語幹

置く → 置いた後

놓다　語幹 놓＋은 후　**놓은 후**

＊ㄷ変則の場合

聞く　母音で始まる　聞いた後に

듣다　変則語幹 들＋은 후에　**들은 후에**

ㄷをㄹに

＊ㄹ語幹の場合

吹く　ㄴで始まる　吹いた後に

불다　語幹 불＋ㄴ 후에　**분 후에**

ㄹを取る

第2章

ステップアップ　78

他にも動詞の連体形過去を使ったいろいろな表現があります。

説明する
설명하다　語幹 설명하＋ㄴ　説明した〈名詞〉
설명한〈名詞〉

説明した
설명한

끝에
終わりに → 説明した末に、説明したあげく

적이 있다
ことがある → 説明したことがある

것이다
ことだ → 説明したの（ん）だ

例

많이 **생각한 끝에** 계획을 바꿨어요.
생각하다＋ㄴ 끝에
よく**考えた末に**、計画を変えました。

김치를 **먹은 적이** 있어요？
먹다＋은 적
キムチを**食べたことが**ありますか？

백화점에서 **산 거**예요.
사다＋ㄴ 거（것の縮約系）
デパートで**買ったん**です。

練習しましょう　79

次の単語を使って文を作ってみましょう。

① 市役所駅で降りた後、タクシーに乗りなさい。
(市役所駅：시청역　降りる：내리다　タクシー：택시　乗る：타다)

② 砂糖を入れた後に飲むとおいしいです。
(砂糖：설탕　入れる：넣다　飲む：마시다　おいしい：맛있다)

③ 毎日、入浴した後に読書をします。
(毎日：매일　風呂、入浴：목욕　読書：독서)

第2章

解答：①시청역에서 내린 후에 택시를 타세요.〔市役所駅 시청역 [시청녁]〕
＊パッチムで終わる語の後に야, 여, 요, 유, 이が続くと、ㅇの部分にㄴが挿入されます

②설탕을 넣은 후에 마시면 맛있어요.〔入れた 넣은 [노은]〕
＊パッチムㅎの後に母音が続くとき、ㅎは発音されません

③매일 목욕한 후에 독서를 해요.〔入浴した 목욕한 [모교칸]〕

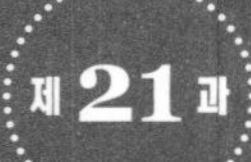

元気出してください。
힘을 내십시오.

会話を聞いてみましょう 80

A：**할아버지가 병이 났어요.**
おじいさんが病気になりました。

B：**그러면 지금 병원에 계세요?**
じゃ、今病院にいらっしゃるんですか？

A：**네, 삼일 전부터요.** はい、3日前から。

B：**금방 나으실 거예요. 힘을 내십시오.**
すぐに良くなりますよ。元気出してください。

単 단어 語

할아버지 ▶おじいさん〔発音[하라버지]〕
병 ▶病気
나다 ▶出る、生じる
＊병이 나다で「病気になる」
그러면 ▶では、それなら
병원 ▶病院
계시다 ▶いらっしゃる
＊있다(いる)の尊敬形
삼일 ▶3日〔発音[사밀]〕
전 ▶前
부터 ▶～から
금방 ▶すぐに
낫다 ▶治る〔発音[낟따]〕
＊낫다(治る)＋시다(尊敬)
⇒나으시다(治られる) p.106
힘 ▶力
＊힘을(力を)내다(出す)で「元気を出す」

尊敬の命令「～しなさい」 81

動詞の語幹に**십시오**をつけると「**～しなさい**」という命令形になります。パッチムがある語幹には으십시오をつけます。尊敬を表す시が入っているので、「～してください」という意味で目上の人に対しても使えます。

～しなさい

パッチムがない語幹 ＋ **십시오**

パッチムがある語幹 ＋ **으십시오**

例

● パッチムがない語幹

出す ───→ 出しなさい

내다　語幹 내＋**십시오**　**내십시오**

● パッチムがある語幹

忘れる ───→ 忘れなさい

잊다　語幹 잊＋**으십시오**　**잊으십시오**

12課で学んだ(으)세요には「～なさいます」と「～しなさい」の意味がありました。「～しなさい」と言うときは、12課の(으)세요も、십시오も使えます。

いらっしゃいませ（直訳：早く来なさい）　어서 오세요（오다＋세요）　어서 오십시오（오다＋십시오）

ステップアップ 82

「治る」の낫다は変則活用します。語幹がパッチムㅅで終わるものの一部にこのㅅ**変則活用**が起こるものがありますが、数はそれほど多くないので、初級では낫다（治る）と짓다（作る）を覚えておけばよいでしょう。語幹がパッチムㅅで終わっていても、벗다（脱ぐ）、씻다（洗う）、웃다（笑う）などは変則活用しません。

ㅅ変則活用

いつ変則するか：母音で始まる活用語尾が続くとき

どう変則するか：パッチムㅅが脱落する

ㅅ変則活用は、変則語幹を作らずに、いったん、パッチムがある状態で活用して、あとからパッチムを取ります。

母音で始まる活用語尾

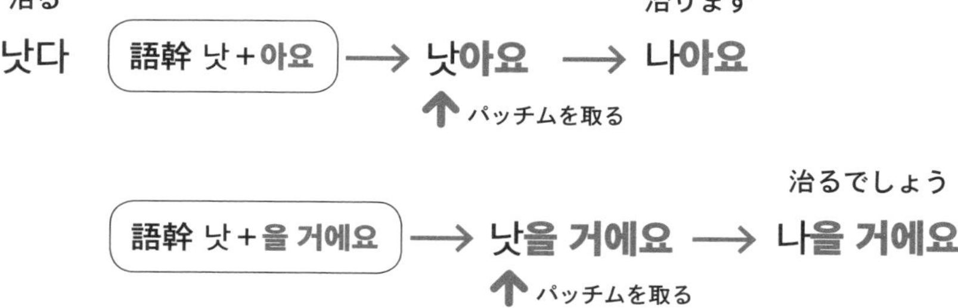

＊나아요は母音が連続していますが、나요と縮約しません。
　나을 거예요もパッチムがありませんが、날 거예요となりません。

子音で始まる活用語尾

練習しましょう 83

次の単語を使って文を作ってみましょう。

① 少々お待ちください。(少々 : 잠깐만　待つ : 기다리다)

② 教室にお入りなさい。(教室 : 교실　入る : 들어오다)

③ お名前と住所を教えてください。
(お名前 : 성함　住所 : 주소　教える : 알리다)

解答 : ① 잠깐만 기다리십시오.
＊기다리세요だと「待ちなさい」という命令のニュアンスがあるので、相手の事情で待つときに使います。기다려 주세요は依頼の意味が含まれるので、こちら側の事情で待ってもらうときに使います

② 교실에 들어오십시오.

③ 성함과 주소를 알려 주십시오.
＊성함は이름 (名前) の尊敬語です

ひと休みコラム②

名前の発音のヒミツ

韓国語の学習は、まず文字と発音から始まるのですが、文字と発音を学んですぐによく聞かれる質問があります。

「この名前は、濁るのか濁らないのか？」

例えば、「授業でㄱの子音は語頭では濁らないと習ったが、そうすると私の好きな歌手の경수は「キョンス」となるが、ずっと「ギョンス」だと思っていた。どちらが正しいのか？」という具合です。

경수さんの場合、ファミリーネームの도をつけるとㄱは語中になるので「도경수（ド・ギョンス）」と濁ります。경수の発音は「キョンス」になったり「ギョンス」になったりするのです。しかし、それは日本語母語話者の耳にそう聞こえるということで、韓国語母語話者の耳には、경수の경も、도경수の경も両方同じ音に聞こえています。

韓国語は平音・激音・濃音を区別し、日本語は清音・濁音を区別します。その区別のくくりがずれているのです。

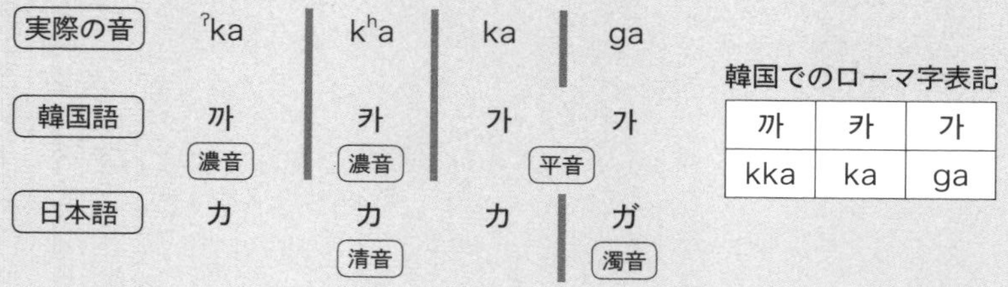

韓国でのローマ字表記

까	카	가
kka	ka	ga

韓国では、ハングルに対応するローマ字を、濃音ㄲはkk、激音ㅋはkとしているので、平音ㄱにgを当てはめています。同様に濁る・濁らないの区別がある子音ㄷ/ㅂ/ㅈは、それぞれローマ字のd/b/jを当てはめるので、カタカナでは濁音で表記されてしまいます。無声音（清音）と有声音（濁音）を区別する日本語母語話者が混乱するのも仕方がありません。

ただ、김さんや박さんのカタカナルビは大抵「キム」「パク」と濁りませんし、ご本人のサインもKim、Pak（Park）と書いている方が多いので、ハングルのローマ字表記、カタカナ表記にはまだ揺れがあるようです。

第3章

語幹の違いが影響しない活用

いよいよ最後、第3章で取り上げるのは、
語幹の母音・子音(パッチム)に関係なく、
活用語尾が変わらないパターンです。
1章と2章では、母音やパッチムに注目して活用語尾を選びましたが、
ここでは活用語尾を選ぶ必要はありません。
3種類の活用のうち、この活用のパターンが実は一番簡単です。

第22과 韓国で働きたいです。
한국에서 일하고 싶어요.

会話を聞いてみましょう 84

A : **졸업하면 한국에서 일하고 싶어요.**
卒業したら韓国で働きたいです。

B : **한국 회사에 들어가려고요?** 韓国の会社に入ろうと？
요즘은 영어도 반드시 잘해야 돼요.
最近は、英語も必ず必要です。

A : **전 일본어와 한국어밖에 못해요.**
私は日本語と韓国語しかできません。

単 단어 語

졸업하다	▶卒業する〔発音［조러파다］〕	**반드시**	▶必ず
일하다	▶働く〔発音［이라다］〕	**잘하다**	▶上手だ〔発音［자라다］〕
회사	▶会社	**전**	▶私は〔저는の縮約形〕
들어가다	▶入る	**밖에**	▶～しか〔発音［바께］〕
영어	▶英語	**못하다**	▶できない〔発音［모타다］〕

希望表現「〜したい」 85

動詞の語幹に고 싶다をつけると「〜したい」という希望を表すことができます。語幹にパッチムがあるかないか、語幹の母音が陽母音か陰母音かに関係なく使えます。ヘヨ体の丁寧形は고 싶어요、ハムニダ体の丁寧形は고 싶습니다になります。

〜したい
語幹 ＋ 고 싶다

例

働く → 働きたい

일하다 　語幹 일하＋고 싶다　 **일하고 싶다**

お目にかかる → お目にかかりたい

뵙다 　語幹 뵙＋고 싶다　 **뵙고 싶다**

＊고 싶다をいろいろと活用させてみましょう。

働きたい	일하고 싶	다
働きたいです		어요
働きたかったです		었어요
働きたいです		습니다
働きたければ		으면

第3章

ステップアップ 86

「外国語が上手だ」は韓国語で외국어를 잘하다と言います。日本語では「外国語が」と助詞「が」を使いますが、韓国語では「외국어를（外国語を）」と助詞「를/을（を）」を使います。

同様に좋아하다も助詞の使い方が日本語と異なります。좋아하다の反対、싫어하다も一緒に確認しておきましょう。

助詞 를/을 とセットで使う動詞

〜が上手だ

母音で終わる名詞　＋를 잘하다

パッチムで終わる名詞＋을 잘하다

卓球が上手です。　탁구를 잘해요.

韓国語が上手です。　한국말을 잘해요.

＊잘하다は直訳すると「잘よく（上手に）하다（する）」なので、助詞は를/을（を）を使います。

〜が好きだ（嫌いだ）

母音で終わる名詞　＋를 좋아하다（싫어하다）

パッチムで終わる名詞＋을 좋아하다（싫어하다）

焼肉が好きです。　불고기를 좋아해요.

ピーマンが嫌いです。　피망을 싫어해요.

＊좋아하다は「好む」、싫어하다は「嫌う」と覚えておくと、助詞を間違えずに使うことができます。

練習しましょう 87

次の単語を使って文を作ってみましょう。

① 会話の点数を上げたいです。(会話：회화　点数：점수　上げる：올리다)

② まだスターになりたいですか？(まだ：아직도　スター：스타)

③ 父は来年 50 歳になります。
(お父さん：아버지　来年：내년　50 歳：쉰 살)

第3章

解答：①회화 점수를 올리고 싶어요. 〔点数 점수 [점쑤]〕
＊「会話の点数」の「の」は韓国語では入れなくても構いません

②아직도 스타가 되고 싶어요? 〔まだ 아직도 [아직또]〕

③아버지는 내년에 쉰 살이 되세요.
＊韓国では身内のことを言うときにも尊敬語を使うので、되다に세요をつけます (p.69)

今、小説を翻訳しています。
지금 소설을 번역하고 있어요 .

会話を聞いてみましょう 88

A：지금 소설을 번역하고 있어요.
今、小説を翻訳しています。

B：모르는 게 있으면 도와줄게요.
わからないことがあれば手伝いますよ。

A：고마워요. 사전을 자꾸 찾아봐요.
ありがとう。辞書を何度も引いています。

그렇지만 비슷한 단어가 많아서
でも、似た単語が多いので

안 어려워요. 難しくありません。

単 단어 語

소설	▶小説	자꾸	▶しきりに、何度も
번역하다	▶翻訳する〔発音［버녀카다］〕	그렇지만	▶しかし、でも〔発音［그러치만］〕
모르다	▶知らない、わからない	비슷하다	▶似ている〔発音［비스타다］〕
게	▶ことが〔것이の縮約形〕	단어	▶単語〔発音［다너］〕
도와주다	▶手伝う	어렵다	▶難しい〔発音［어렵따］〕 ＊ㅂ変則活用。（変則語幹）어려우＋어요
사전	▶辞書 ＊사전을 찾다（辞書を探す→辞書を引く）と表現します		

現在の動作を表す「～ている」 89

動詞の語幹に고 있다をつけると「～している」という現在の動作を表すことができます。現在の丁寧形、번역해요、번역합니다も「翻訳しています」の意味で使えますが、「今」「今週」など時間の範囲がはっきりしているときは고 있다を使って、번역하고 있어요の形を使います。

～ている
語幹 ＋ 고 있다

翻訳する ――→ 翻訳している

번역하다　［語幹 번역하＋고 있다］　**번역하고 있다**

聞く ――→ 聞いている

듣다　［語幹 듣＋고 있다］　**듣고 있다**

＊고 있다をいろいろと活用させてみましょう。

翻訳している	번역하고 있	다
翻訳していました		었어요
翻訳しているから		으니까
翻訳している人		는 사람

第3章

ステップアップ 90

「～ている」고 있다の있다（いる）を尊敬語の계시다（いらっしゃる）にした고 계시다は、「～ていらっしゃる」という意味になります。韓国語は日本語より尊敬語をよく使うので、この形も覚えておきましょう。また、韓国では、自分の両親や同じ会社の上司について話すときも、尊敬語をよく使います。ただ、日本語にするときには「ていらっしゃいます」と反映させる必要はありません。

「～ている」（現在の動作）の尊敬

～ていらっしゃる
語幹 ＋ 고 계시다

＊계시다（いらっしゃる）に어요をつけると**계세요**になります。

母は八百屋で働いています。　어머니는 야채 가게에서 일하고 **계세요**.

第４課で学んだ状態を表す「～ている」も、있다を계시다に替えると、尊敬語になります。

「～ている」（状態）の尊敬

～ていらっしゃる
陽母音語幹 ＋ 아 계시다
陰母音語幹 ＋ 어 계시다

おばあさんが座っています。　할머니가 앉아 **계세요**.

練習しましょう 🔊91

次の単語を使って文を作ってみましょう。

① 今、イギリスで休暇を過ごしています。
（イギリス：영국　休暇：휴가　過ごす：보내다）

② 船が西の海を通っています。
（船：배　西方：서쪽　海：바다　通る：지나다）

③ 今、運動場でテニスをしています。
（運動場：운동장　テニス：테니스　打つ：치다）

第3章

解答：①지금 영국에서 휴가를 보내고 있어요.

②배가 서쪽 바다를 지나고 있어요.

③지금 운동장에서 테니스를 치고 있어요

＊치다は「打つ、叩く」などの意味を持ち、테니스（テニス）や탁구（卓球）などの球技をするときや、피아노를 치다（ピアノを弾く）などのように楽器にも使います

第 24 과

9番が理解できませんでした。
구번을 이해하지 못했어요 .

会話を聞いてみましょう 92

A：**교과서를 펴세요.** 教科書を開きなさい。

52 페이지 문제 다 풀었어요?
52 ページの問題は全部解きましたか？

B：**선생님, 구번을 이해하지 못했어요.**
先生、9 番が理解できませんでした。

A：**질문할 때는 일어서세요.**
質問するときは立ちなさい。

単 단어 語

교과서 ▶教科書
펴다 ▶広げる、開く
페이지 ▶ページ
＊52페이지は、[오십이 페이지]と読みます
풀다 ▶解く
번 ▶～番
＊9번は、[구번]と読みます
이해하다 ▶理解する
일어서다 ▶立ち上がる
질문하다 ▶質問する

不可能を表す「～できない」 93

動詞の語幹に**지 못하다**をつけると「**～できない**」という不可能の意味を表すことができます。また日本語では「9番が理解できませんでした」と助詞「が」を使いますが、韓国語は구번을 이해하지 못했어요と助詞를/을「を」を使います。

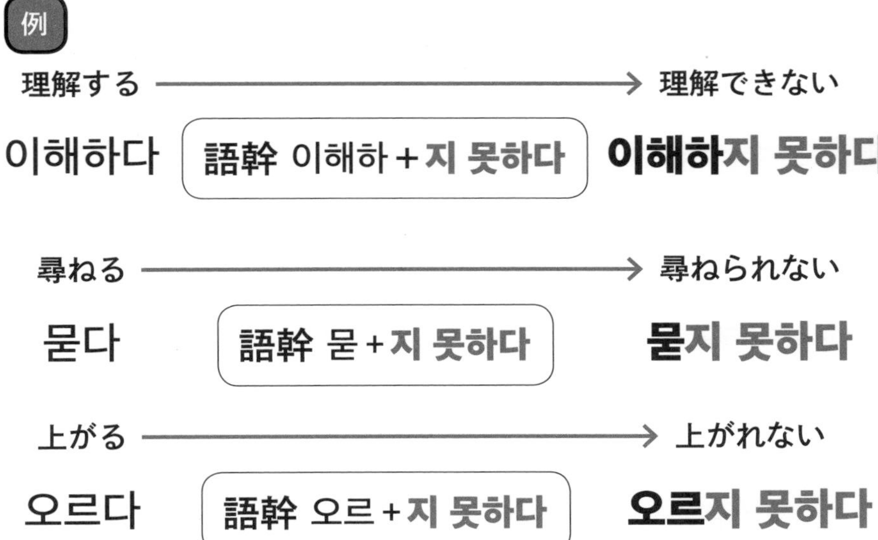

＊못하다の못は［몯］と発音します。パッチムがㄷと発音される状態で하다のㅎとぶつかるので激音化します。

못하다［몯하다］ → ［모타다］
못해요［몯해요］ → ［모태요］
못합니다［몯합니다］ → ［모탐니다］

ステップアップ 94

1課のステップアップ（p.24）で否定表現を紹介しました。韓国語の否定表現と不可能表現にはそれぞれ縮約形があります。ここで否定表現と不可能表現をまとめておきましょう。

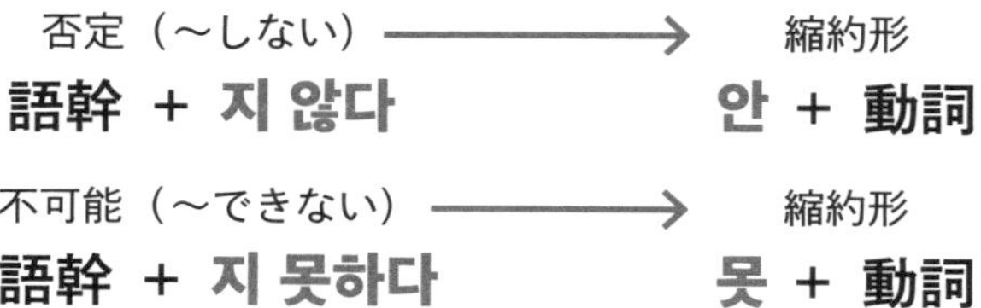

会話では、縮約形のほうをよく使います。動詞の前に안をつければ否定形、못をつければ不可能表現になるので、とても簡単です。

ただし、못は［몯］と発音するので、次に続く動詞の子音によって、連音化や鼻音化など、発音に気をつけなればなりません。

■ **連音化**

来る 오다	来れない 못 오다 ［모도다］	来れません 못 와요 ［모돠요］
聞き取る 알아듣다	聞き取れない 못 알아듣다 ［모다라듣따］	聞き取れません 못 알아들어요 ［모다라드러요］

＊ㄷ変則活用します

■ **鼻音化**

出かける 나가다	出かけられない 못 나가다 ［몬나가다］	出かけられません 못 나가요 ［몬나가요］
食べる 먹다	食べられない 못 먹다 ［몬먹따］	食べられません 못 먹어요 ［몬머거요］

練習しましょう 95

次の単語を使って文を作ってみましょう。

① さっきの授業が聞き取れませんでした。
（さっき：아까　授業：수업　聞き取る：알아듣다）

② 約束を守れなくて申し訳ありません。
（約束：약속　守る：지키다　申し訳ない：죄송하다）

③ 祖母には頻繁に連絡できません。
（おばあさん：할머니　頻繁に：자주　連絡：연락）

解答：① 아까 수업을 알아듣지 못했어요.
＊縮約形：못 알아들었어요 [모다라드러써요]

② 약속을 지키지 못해서 죄송합니다.
＊縮約形：못 지켜서 [몯찌켜서]

③ 할머니한테는 자주 연락하지 못해요.〔縮約形：연락 못 해요 [몯찌켜서]〕
＊대답하다「返事する」、연락하다「連絡する」のように名詞に하다をつけた形に지 못다の縮約形못をつける場合は、動詞の直前に置くので、대답 못 하다や연락 못 하다のようになります

제25과 音楽を聴いて時々泣きます。
음악을 듣고 가끔 울어요.

会話を聞いてみましょう 96

A：이 노래가 마음에 들어요?　この歌が気に入りましたか？

B：네, 이유는 모르지만　はい、理由はわかりませんが、
눈물이 흘러서 놀랐어요.　涙が流れて驚きました。

A：저도 음악을 듣고 가끔 울어요.
私も音楽を聴いて時々泣きます。

単 단어 語

노래 ▶歌
마음 ▶心
＊마음에（心に）들다（入る）で「気に入る」
이유 ▶理由
모르다 ▶わからない、知らない
눈물 ▶涙
놀라다 ▶驚く
듣다 ▶聴く、聞く
가끔 ▶時々
울다 ▶泣く

逆接の「～だが」、動作の連続の「～て、で」 97

動詞の語幹に지만をつけると「～だが」という逆接を表し、語幹に고をつけると「～て、で」と動作の連続を表します。고は「本も読んで、映画も見る」や「安くて良い」のように、動作や状態を並べて表すときにも使います。日本語の「～て、で」に対応すると覚えておきましょう。

～だが　語幹 ＋ 지만

～て、で　語幹 ＋ 고

例

わかららない → わかららないが

모르다　語幹 모르＋지만　모르지만

→ わかららなくて

語幹 모르＋고　모르고

＊語幹のパッチムの有無、パッチムの種類によって지만、고の発音が変わります。

語幹		語幹＋지만	語幹＋고	発音の変化
パッチムなし	冷たい 차다	차지만 [차지만]	차고 [차고]	＊有声音化（濁って発音）
パッチムが詰まる音	聞く 듣다	듣지만 [듣찌만]	듣고 [듣꼬]	＊濃音化（濁らず発音）
パッチムがㅎ	良い 좋다	좋지만 [조치만]	좋고 [조코]	＊激音化（濁らず発音）

ステップアップ 98

「流れる」の흐르다は変則活用します。語幹の母音が르の多くは르変則活用します。르変則活用は으変則活用を参考にすると覚えやすいです。

르変則活用

いつ変則するか：아/어ではじまる活用語尾がつくとき

どう変則するか：語幹の母音ㅡを取りㄹ라/ㄹ러をつける

流れる
흐르다

語幹 흐르
変則語幹 흐ㄹ　（母音のㅡを取る）

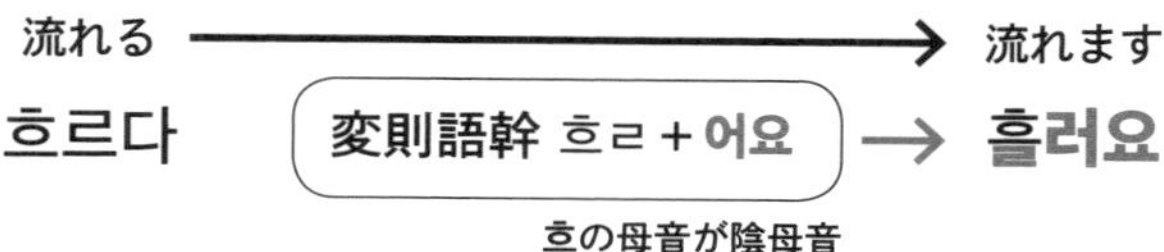

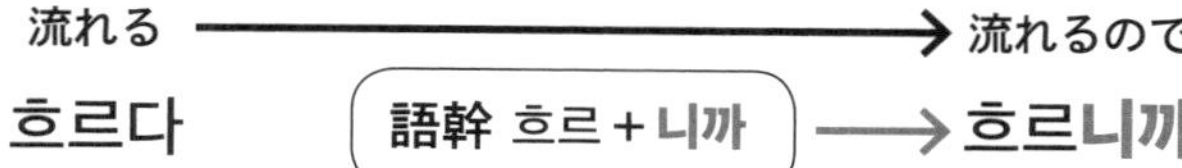

練習しましょう 99

次の単語を使って文を作ってみましょう。

① 発音が難しいですが面白いです。
（発音：발음　難しい：어렵다　面白い：재미있다）

② おかずが多くておいしいです。
（おかず：반찬　多い：많다　おいしい：맛있다）

③ 台所が広いですが窓がありません。（台所：부엌　広い：넓다　窓：창문）

第3章

解答：①발음이 어렵지만 재미있어요.〔発音が 발음이 [바르미]　難しいが어렵지만 [어렵찌만]〕
②반찬이 많고 맛있어요.〔多いが 많고 [만코]〕
③부엌이 넓지만 창문이 없어요.〔台所が 부엌이 [부어키]　広い 넓다 [널따]
広いが　넓지만 [널찌만]〕

제 26 과 私に聞かないでください。
저한테 묻지 마세요 .

会話を聞いてみましょう 100

A：이틀 전에 본 영화 제목을 잊어버렸어요.
2 日前に見た映画のタイトルを忘れてしまいました。

혹시 알아요?
もしかして知っていますか？

B：저한테 묻지 마세요. 私に聞かないでください。
전 그 영화에 관심이 없어요.
私はその映画に関心がありません。

単 단어 語

이틀	▶2日	묻다	▶尋ねる
영화	▶映画	전	▶私は ＊저는の縮約形
제목	▶タイトル〔漢字で「題目」〕	관심	▶関心、興味
잊어버리다	▶忘れてしまう		
혹시	▶もしかして		

禁止表現「〜ないでください」 101

動詞の語幹に**지 마세요**をつけると「〜しないでください」という禁止の命令を表します。12課（p.69）で学んだ마세요の세요は尊敬形ですので、지 마세요は目上の人にも使えます。

〜しないでください
語幹 ＋ 지 마세요

尋ねる ⟶ 尋ねないでください

묻다 語幹 묻＋지 마세요 **묻지 마세요**

見る ⟶ 見ないでください

보다 語幹 보＋지 마세요 **보지 마세요**

第3章

＊「〜日間」と時間の幅を表す場合には、漢数字を使わない固有の表現があります。
1日：하루、2日間：이틀
などです。

これ以降の言い方もありますが、漢数字を使うことがほとんどです。

사흘（3日間）＝삼일（三日）　나흘（4日間）＝사일（四日）
닷새（5日間）＝오일（五日）　엿새（6日間）＝육일（六日）
이레（7日間）＝칠일（七日）　여드레（8日間）＝팔일（八日）
아흐레（9日間）＝구일（九日）　열흘（10日間）＝십일（十日）

ステップアップ 🔊102

지 마세요の마세요は말다に세요がついた形です。말다はㄹ語幹なのでパッチムㄹが脱落します。

～（する）のをやめる

語幹＋지 말다

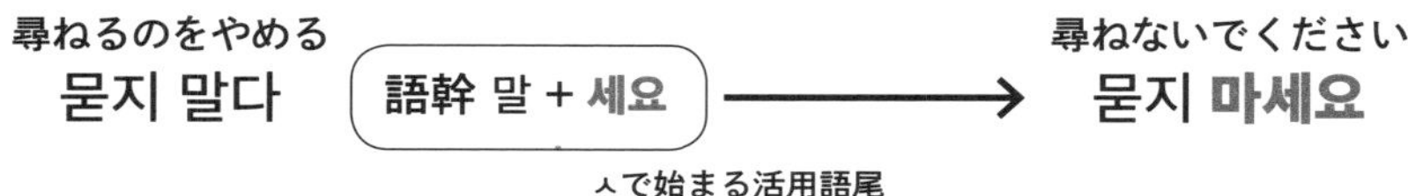

また活用する前の形、말다に아요/어요をつけると、より気楽に話したいときに使えます。

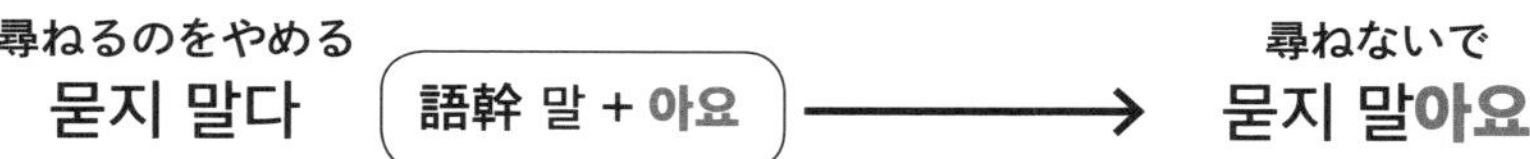

말아요は通常、마요の形になります。

尋ねないで　묻지 말아요 ——→ 묻지 마요

練習しましょう 103

次の単語を使って文を作ってみましょう。

① この電話番号を忘れないでください。
（電話番号：전화번호　忘れる：잊다）

② 食事中に鼻をかまないでください。
（食事：식사　～中：중　鼻：코　（鼻を）かむ：풀다）

③ 子どもはエレベーターに一人で乗らないでください。
（子ども：어린이　一人：혼자　エレベーター：엘리베이터　乗る：타다）

第3章

解答：①이 전화번호를 잊지 마세요.〔電話番号 전화번호 [저놔버노]　忘れないで잊지 [읻찌]〕

②식사 중에 코를 풀지 마세요.〔食事 식사 [식싸] 鼻をかむ 코를 풀다〕
＊풀다は「解く」の意味でも使われます

③어린이는 엘리베이터를 혼자 타지 마세요.

誕生日は何月何日ですか？
생일이 몇 월 며칠이지요？

会話を聞いてみましょう 104

A：**생일이 몇 월 며칠이지요?** 誕生日は何月何日ですか？

B：**어린이날 다음 날이에요.** こどもの日の次の日です。
아직까지 아무 계획도 없어요.
まだ何の計画もありません。

A：**친구들을 부를까요?**
友達たちを呼びましょうか？

単 단어 語

몇 월 ▶何月〔発音[며둴]〕
＊몇の発音が[멷]なので、[ㄷ]で連音化して[며둴]と発音します

며칠 ▶何日

어린이 ▶子ども

날 ▶日
＊일は漢字「日」の韓国語読みで、날は漢字を使わない固有の言葉です。
＊韓国も5月5日がこどもの日（어린이날）

다음 날 ▶次の日

아직까지 ▶まだ

아무 ▶なんの

계획 ▶計画

부르다 ▶呼ぶ
＊부르다は배가 부르다（おなかがいっぱいだ）のようにも使います

疑問・確認・判断・勧誘「〜でしょう？、〜ましょう」 105

動詞の語幹に**지요**をつけると、さまざまなニュアンスで使えます。疑問詞（何、誰、いつ、どこなど）とともに使われることが多いですが、相手に「〜でしたっけ？」と確認したり、「〜しましょう」と誘ったり、「〜でしょう」と自分の考えを述べたりするときにも使います。

〜でしょう？
〜ましょう
語幹 ＋ 지요

＊会話では죠と縮約されます。

第3章

例

■ 疑問を表す

며칠이**지요**?　何日でしょうか？

■ 同意を求める

아무것도 없**지요**?　何もないですよね？

■ 話し手の意思を表す

제가 가**지요**.　私が行きましょう。

■ 勧誘を表す

같이 가**지요**.　一緒に行きましょう。

ステップアップ 106

p.130の会話の「아무 계획도 없어요（何の計画もありません）」の아무には、「何の～も」という否定のニュアンスがあります。後ろに名詞と助詞の도（も）をつけて使い、通常、文末は否定形になります。

なんの〈名詞〉も

아무 〈名詞〉도

아무 **소리**도　何の**音**も

아무 **걱정**도　何の**心配**も

것（もの）がつくときは分かち書きしません。

아무**것**도　何の**もの**も→何も

名詞が入らないと「誰」の意味になります。

아무도　誰も

文末は否定形になります。

아무 소리도 **안** 들려요.　何の音も聞こえ**ません**。(들리다 →들려요)

아무 걱정도 **없어요**.　何の心配も**ありません**。

아무도 **몰라요**.　誰も**知りません**。(모르다 →몰라요)

練習しましょう 107

次の単語を使って文を作ってみましょう。

① 旦那さんの職業は何ですか？（夫：남편　職業：직업）

② ラーメンの味がしょっぱいですよね？
（ラーメン：라면　味：맛　塩辛い：짜다）

③ ハンカチ、いつ返しましょうか？
（ハンカチ：손수건　いつ：언제　返してあげる：돌려주다）

第3章

解答：①남편 직업이 뭐지요?〔職業は 직업이 [지거비]〕
＊日本語は「職業は何ですか」と「は」を使いますが、韓国語は직업이と助詞가/ 이（が）を使います

②라면 맛이 짜지요?〔味が 맛이 [마시]〕
＊짜다は「塩辛い」、맵다は「辛い」ときに使います

③손수건 언제 돌려주지요?

第28과 「始まりが半分」と言うじゃないですか。
시작이 반이라고 하잖아요.

会話を聞いてみましょう 108

A：**이것저것 해 봤지만** あれこれやってみましたが、
한국어가 안 늘어요. 韓国語がうまくなりません。

B：**시작이 반이라고 하잖아요.**
「始まりが半分」と言うじゃないですか。
그대로 계속 노력하세요.
そのまま努力を続けてください。

単 단어 語

이것저것 ▸あれこれ〔発音［이걷쩌걷］〕
늘다 ▸増える、伸びる、上達する
시작 ▸始まり
반 ▸半分
＊시작이 반이다は「何かを始めたらそれは成し遂げたと同じことだ」という韓国のことわざです
-라고 하다 ▸〜だと言う、〜と言う
그대로 ▸そのまま
계속 ▸続けて
노력 ▸努力

否定疑問の「～じゃないですか」 109

動詞の語幹に**잖아요**をつけると「**～じゃないですか**」という否定疑問の意味になります。日本語の「～じゃないですか」と同じように、使う場面や口調によって、否定疑問に限らず、相手に確認したり、強く主張したりする場面でも使うことができます。

～じゃないですか
語幹 ＋ 잖아요

例

来る → 来るじゃないですか

오다　語幹 오＋잖아요　**오잖아요** [오자나요]

かっこいい → かっこいいじゃないですか

멋있다　語幹 멋있＋잖아요　**멋있잖아요** [머싣짜나요]

過去形の語尾にも接続できます。

来た → 来たじゃないですか

왔다　語幹 왔＋잖아요　**왔잖아요** [왇짜나요]

第3章

ステップアップ 110

p.134の会話では「시작이 반이다（始まりが半分だ）」という韓国のことわざが出てきました。ここでは、簡単な単語が使われている韓国の慣用句やことわざをいくつか紹介しましょう。

■ 日本語と同じような表現をするもの

그림의 떡
絵　餅

→ 絵の餅（「絵に描いた餅」）…どんなに気に入っても手に入れられないもの

눈이 높다
目　高い

→ 目が高い…ものを見分ける力が優れている

■ 身体の部位に関する表現

배가 아프다
腹　痛い

→ おなかが痛い…他人がねたましいという意味で使われる

손이 크다
手　手

→ 手が大きい…気前がいい

귀가 밝다
耳　明るい

→ 耳が明るい…聴覚が優れている、耳ざとい

■ 韓国らしいことわざ

작은 고추가 맵다　＊작은: 작다＋은
唐辛子　辛い

→ 小さい唐辛子が辛い…小さい人が大きい人より優れている比喩
＝人は見かけによらない

練習しましょう　111

次の単語を使って文を作ってみましょう。

① 外国人がたくさん訪ねてくるじゃないですか。
(外国人：외국인　訪ねてくる：찾아오다)

② 飛行機のチケットがまったくないじゃないですか。
(飛行機：비행기　チケット：티켓　全然、まったく：전혀)

③ 雲の様子がおかしいじゃないですか？
(雲：구름　様子：모양　変だ、おかしい：이상하다)

解答：①외국인이 많이 찾아오잖아요.〔外国人が 외국인이［외구기니］　訪ねてくる찾아오다［차자오다]〕

②비행기 티켓이 전혀 없잖아요.〔チケットが 티켓이［티케시］　全然 전혀［저녀]〕

③구름 모양이 이상하잖아요?

第29과

顔がとても変わりましたね。
얼굴이 많이 달라졌네요 .

会話を聞いてみましょう 112

A : **유학 생활이 어때요?** 留学生活はどうですか？

B : **네, 무척 좋아요.** ええ、とてもいいです。

지식도 얻고 큰 영향을 받았어요.

知識も得て大きな影響を受けました。

A : **얼굴이 많이 달라졌네요.** 顔がとても変わりましたね。

그런 건 얼굴에 나타나니까요.

そういうのは顔に表れますから。

単 단어 語

유학	▶留学
생활	▶生活
무척	▶とても
지식	▶知識
얻다	▶得る、手に入れる〔発音[얻따]〕
영향	▶影響
얼굴	▶顔
달라지다	▶変わる
나타나다	▶表れる

感嘆の「～ですね」 113

動詞の語幹に**네요**をつけると「**～ですね**」と感動したり驚いたりしたときの気持ちを表すことができます。

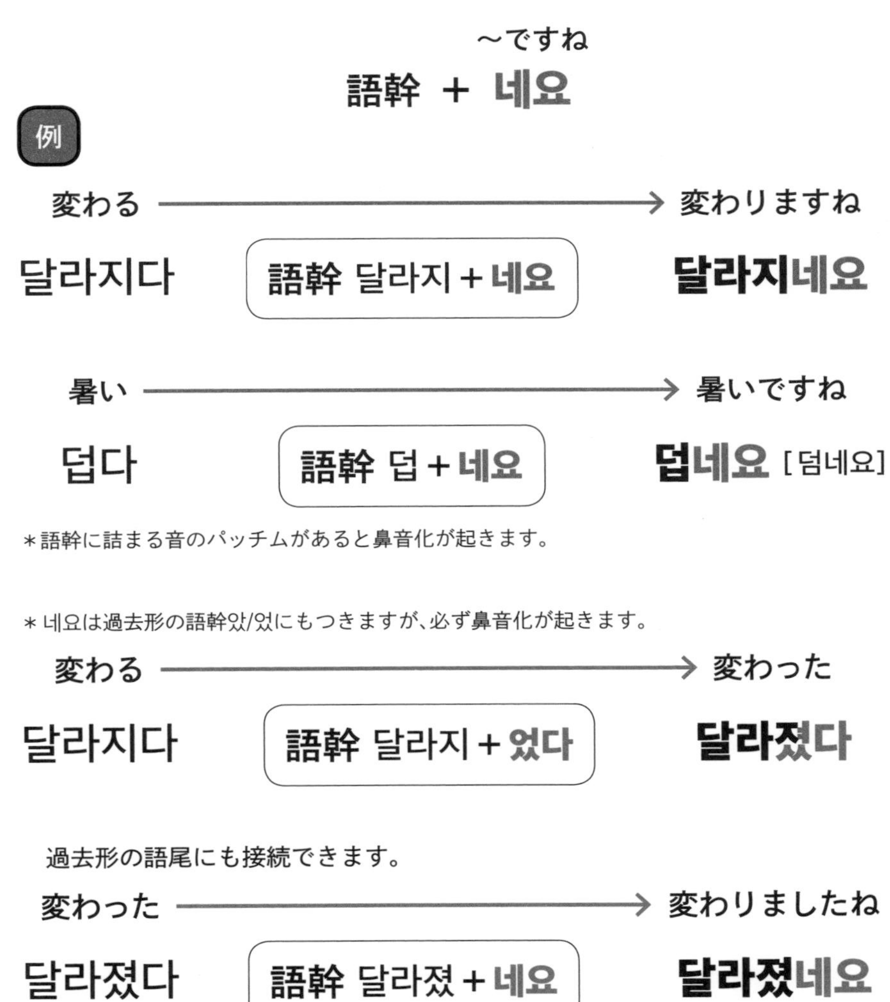

第3章

ステップアップ 114

p.138の会話の「그런 거 얼굴에 나타나니까요（そういうのは顔に表れますから）」は、文の途中で終わっています。このように文の途中であっても요をつけると丁寧形になります。他にも、아서/어서「～ので」（8課）、意図を表す(으)려고「～しようと（する）」（16課）なども、同じく요をつけて文を終わらせることができます。

例

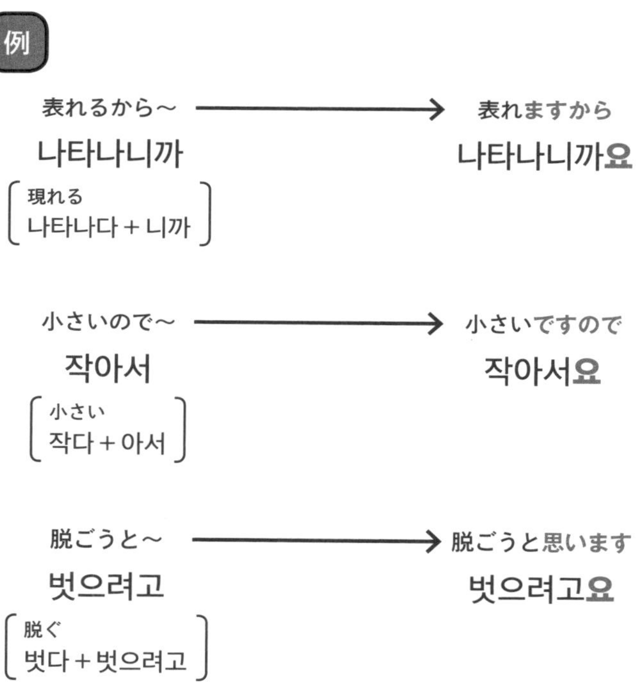

練習しましょう 115

次の単語を使って文を作ってみましょう。

① 故郷が同じですね。(故郷：고향　同じだ：같다)

② 夜空の星がよく見えますね。
(夜：밤　空：하늘　星：별　見える：보이다)

③ 今年は休暇がほとんどありませんね。
(今年：올해　休暇：휴가　ほとんど：거의　ない：없다)

第3章

解答：① 고향이 같네요.〔同じですね 같네요 [간네요]〕

② 밤 하늘의 별이 잘 보이네요.〔空の 하늘의 [하느레]〕
＊「〜の」の意味で使われる의は [에] と発音されます

③ 올해는 휴가가 거의 없네요.〔ありませんね 없네요 [엄네요]〕

午後から雨が降るでしょう。
오후부터 비가 내리겠습니다 .

音声を聞いてみましょう　116

A : **주말의 날씨입니다.** 週末の天気です。
토요일 아침에는 흐리겠고 土曜日の朝は曇りで、
오후부터 비가 내리겠습니다.
午後から雨が降るでしょう。
우산이 꼭 필요하겠습니다.
傘が必ず必要です。

● 単 단어 語 ●

주말 ▶週末
날씨 ▶天気
토요일 ▶土曜日
아침 ▶朝
흐리다 ▶曇っている
오후 ▶午後
＊오전(午前)も併せて覚えておきましょう
비 ▶雨
내리다 ▶降りる
＊「雨が降る」は비가 내리다(降りる)、비가 오다(来る)といいます
우산 ▶傘
꼭 ▶必ず
필요하다 ▶必要だ〔発音[피료하다]〕

推量「～でしょう」 117

動詞の語幹に**겠다**をつけると「**～だろう**」と、主にこれからのことについての推量や話し手の意思を表します。疑問文にして相手の意向を問うこともできます。文末に丁寧形をつけると、겠어요/겠습니다となります。

～だろう
語幹 ＋ 겠다 ⇒ 겠다

例

● **推量を表す**

저한테는 어렵겠어요. 私には難しそうです。

＊어렵다：難しい

● **話し手の意思を表す**

제가 계산하겠어요. 私が支払います。

＊계산하다：計算する、お勘定する

● **相手の意思を尋ねる**

무얼 드시겠어요? 何を召し上がりますか？

＊드시다：召し上がる

＊무얼：무엇을（何を）の縮約

ステップアップ 118

20課で見た連体形の応用「～した後」の形を使って、天気を表現してみましょう。

例

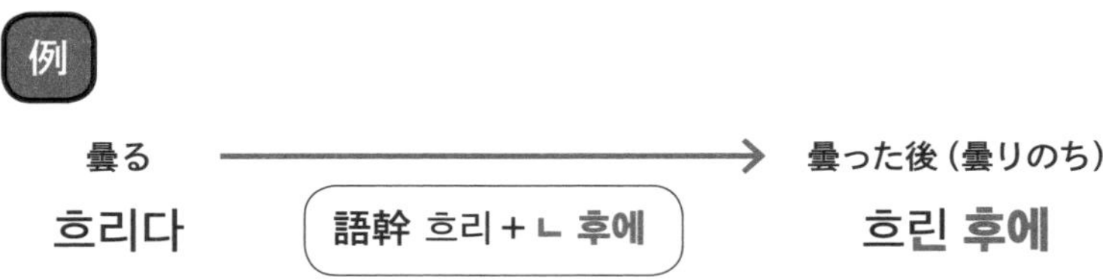

曇りのち、雨でしょう（曇った後、雨が降るでしょう）

흐린 후에 비가 내리겠습니다.

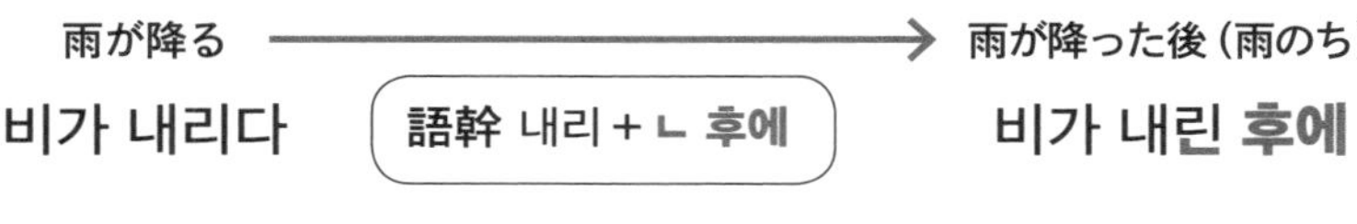

雨のち、曇りでしょう（雨が降った後、曇るでしょう）

비가 내린 후에 흐리겠습니다.

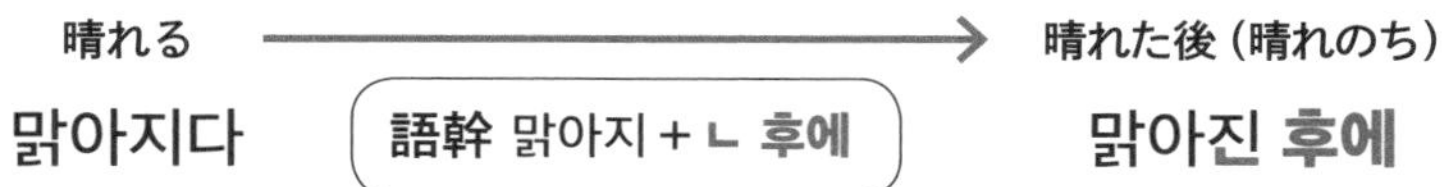

晴れのち、曇りでしょう（晴れた後、曇るでしょう）

맑아진 후에 흐리겠습니다.

練習しましょう　119

次の単語を使って文を作ってみましょう。

① あさってまでに終わりそうです。（あさって：모레　終わる：끝나다）

② 間もなく 8 時になります。
（少し後：잠시 후　8 時：여덟 시　なる：되다）

③ では、金曜日にまた来ます。
（では：그러면　金曜日：금요일　また：다시　来ます：오다）

解答：① 모레까지 끝나겠어요.

② 잠시 후 여덟 시가 되겠습니다.〔8 時 여덟 시 [여덜시]〕
＊「～になる」は、가/ 이 되다と助詞の가/ 이（が）を使います

③ 그러면 금요일에 다시 오겠습니다.〔金曜日に 금요일에 [그묘이레]〕

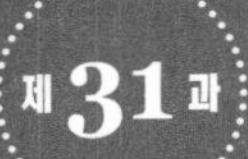

第31과 寝ている間に汗をかきました。
잠 자는 사이에 땀이 났어요.

会話を聞いてみましょう 120

A：잠 자는 사이에 땀이 났어요.
寝ている間に汗をかきました。

B：잠을 잘 못 잤어요? よく眠れませんでしたか？

A：어제는 지갑을 잃어버린 꿈을 꿨어요.
昨日は財布をなくした夢を見ました。

B：잠이 깬 후에 따뜻한 우유를 드세요.
目が覚めた後に温かい牛乳を飲みなさい。

単 단어 語

자다 ▶寝る
＊「眠る」は、잠을（眠りを）자다（寝る）といいます

사이 ▶間

땀 ▶汗
＊「汗をかく」は땀이（汗が）나다（出る）といいます

지갑 ▶財布

잃어버리다 ▶なくす、失う〔発音[이러버리다]〕

꿈 ▶夢

꾸다 ▶（夢を）見る
＊「夢を見る」は꿈을 꾸다といい、보다（見る）は使いません

깨다 ▶覚める、覚ます

따뜻하다 ▶温かい、暖かい〔発音[따뜨타다]〕

우유 ▶牛乳

連体形の応用「〜する間に」 121

動詞と存在詞の語幹に는をつけると**連体形**になります。連体形は名詞を修飾するので、連体形の後にはあらゆる名詞が続きますが、その中で사이에（間に）を続けると「〜する間に、〜している間に」という意味になります。

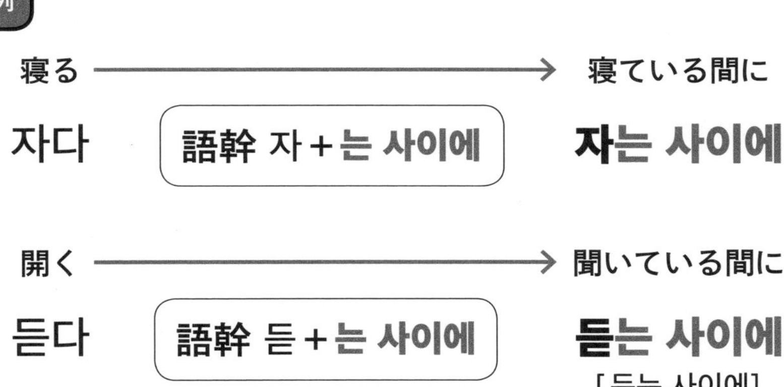

存在詞は、있다（ある）と없다（ない）の2つです。

내가 있는 사이에　私がいる間に
어머니가 없는 사이에　お母さんがいない間に

＊韓国語の連体形については、p.90にまとめてあります。

ステップアップ 122

連体形の後ろにはいろいろな名詞がつきます。例として、韓国の街を歩いていてよく目にする곳（ところ）という名詞がついた形を見てみましょう。

● 나가는 곳
나가다 (出ていく) + 는 곳 = 出ていくところ … 出口
漢字語の출구（出口）も使います。

● 들어가는 곳
들어가다 (入っていく) + 는 곳 = 入っていくところ … 入口
漢字語の입구（入口）も使います。

● 갈아타는 곳
갈아타다 (乗り換える) + 는 곳 = 乗り換えるところ … 乗換口

● 타는 곳
타다 (乗る) + 는 곳 = 乗るところ (乗り場) … 乗り場
택시 타는 곳　タクシー乗り場

● 파는 곳
팔다 (売る) + 는 곳 = 売るところ …売り場
표 파는 곳　切符売り場

＊팔다 (売る) に連体形現在の는がつくとき、語幹のパッチムㄹが脱落します。
매표소 (切符売り場) も使います。

練習しましょう 123

次の単語を使って文を作ってみましょう。

① 知らない間に眠りにつきました。
(知らない：모르다　眠りにつく：잠이 들다)

② 数字を数えている間に時間が過ぎました。
(数字：숫자　数える：세다　過ぎる：지나다)

③ 辞書を引いている間に思い出しました。
(辞書：사전　探す：찾다　思い出す：생각이 나다)

第3章

解答：① 모르는 사이에 잠이 들었어요.
＊잠이 (眠りが) 들다 (入る) で「眠りにつく」です

② 숫자를 세는 사이에 시간이 지났어요.

③ 사전을 찾는 사이에 생각이 났어요. 〔찾는 [찬는]〕
＊사전을 (辞書を) 찾다 (探す) で「辞書を引く」です。
생각이 (考えが) 나다 (出る) で「思い出す」です。

第32과 おわんをテーブルに置いて食べるので
그릇을 상에 놓고 먹기 때문에

会話を聞いてみましょう 124

A：밥그릇이 무겁네요. お茶わんが重いですね。

B：한국에서는 그릇을 상에 놓고 먹기 때문에
韓国ではおわんをテーブルに置いて食べるので

무거워도 괜찮아요. 重くても大丈夫です。

A：그러니까 젓가락과 숟가락 양쪽을 쓰지요?
だからお箸とスプーン両方使うんでしょう？

単 단어 語

밥그릇 ▶お茶わん
＊그릇が「おわん」なので、밥（ご飯）그릇（おわん）が「お茶わん」で、국（スープ）그릇（おわん）が「汁わん」です

무겁다 ▶重い〔무겁네요の発音は［무검네요］〕

상 ▶テーブル
＊밥（ご飯）상（テーブル）が「食卓」で、책（本）상（テーブル）が「机」です

놓다 ▶置く

그러니까 ▶だから

젓가락 ▶箸

숟가락 ▶スプーン、さじ

양쪽 ▶両方

쓰다 ▶使う
＊쓰다には「書く」の意味もあります

原因・理由「～のために」「～ので」 125

語幹に**기 때문에**をつけると**原因や理由**を表します。その原因がネガティブなものだと「～のせいで」「～ので」という日本語になります。기は動詞や形容詞を名詞にする働きがあり、때문は「ため」という名詞で、에は助詞の「に」です。기 때문에を直訳すると「～であることのために」となります。

～のために／～ので
語幹 ＋ 기 때문에

例

食べる → 食べるので

먹다　語幹 먹＋기 때문에　**먹기 때문에**

おいしい → おいしいので

맛있다　語幹 맛있＋기 때문에　**맛있기 때문에**

＊これまで原因・理由を表す表現が아서/어서（8課）、니까（14課）、기 때문에（32課）と3つ出てきました。それぞれ次のような違いがあります。맛있다（おいしい）を例に見てみましょう。

	過去形＋原因・理由	文末に命令形
아서/어서	×	×
(으)니까	맛있었으니까 おいしかったので	맛있으니까 드세요 おいしいから食べなさい
기 때문에	맛있었기 때문에 おいしかったので	×

ステップアップ 126

기 때문에の「때문（ため）」を「전（前）」と入れ替えて、기 전에とすると「～の前に」という意味になります。動作の順番や、作業の手順を説明するときなど、便利に使えます。

～の前に

動詞の語幹＋기 전에

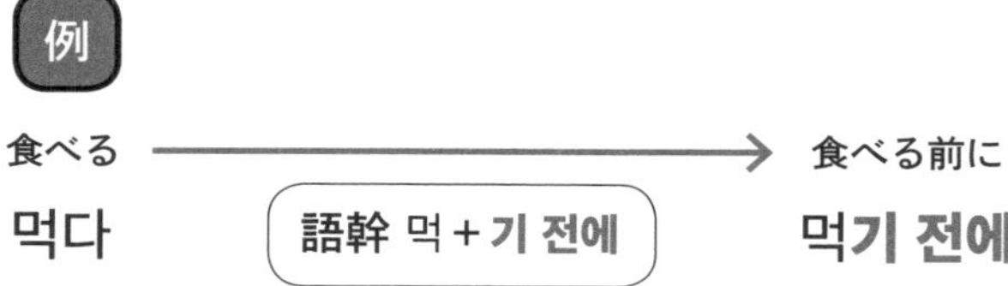

ご飯を食べる前に手を洗いなさい。

밥을 먹기 전에 손을 씻으세요.

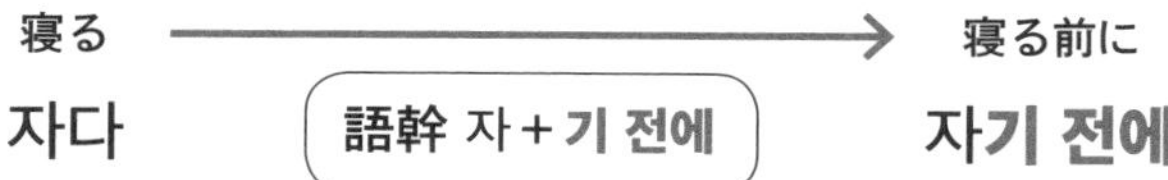

寝る前に本を読みます。

잠을 자기 전에 책을 읽어요.

＊「寝る」は잠을 자다（眠りを寝る）といいます。

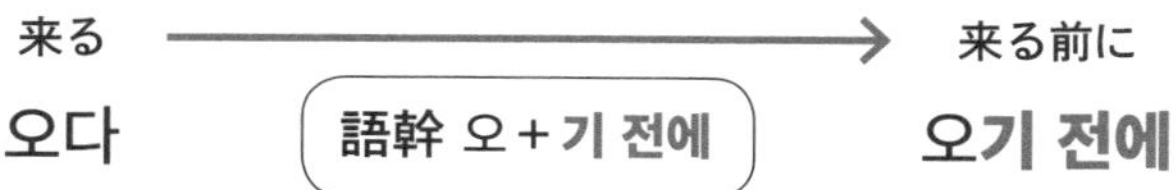

韓国に来る前に連絡ください。

한국에 오기 전에 연락 주세요.

練習しましょう 127

次の単語を使って文を作ってみましょう。

① 家を建てるためにお金が必要です。
(家：집　建てる：짓다　お金：돈　必要だ：필요하다)

② 雨が降っているので行けません。
(雨：비　降る：오다　行く：가다)

③ ご飯を食べる前に薬を飲まなければなりません。
(ご飯：밥　食べる：먹다　薬：약)

解答：①집을 짓기 때문에 돈이 필요해요.〔必要です 필요해요 [피료해요]〕

②비가 오기 때문에 못 가요.〔行けません 못 가요 [몯까요]〕
＊「雨が降る」は、비가 (雨が) 오다 (来る) です

③밥을 먹기 전에 약을 먹어야 돼요.〔먹기 [먹끼]〕
＊「薬を飲む」は약을 먹다です。
＊「飲まなければなりません」は 6 課 (p.43) の義務表現 (아/ 어야 돼요) を使います

ひと休みコラム③

韓国語には形容詞がない？

韓国語は、発音は難しいけれど文法は簡単だ、という感想をよく聞きます。語順が日本語と同じだということがまず挙げられますが、もう1つ、活用するときに動詞と形容詞を区別する必要がない、というのも大きな理由です。

そもそも日本語は、基本形（活用する前の原形）が動詞は「ウ段」で終わり、形容詞は「イ」で終わります。このように品詞ごとに異なるので、韓国語はすべての品詞が다で終わります。ですから、単語の形を見ただけでは、動詞か形容詞かの区別がつきません。

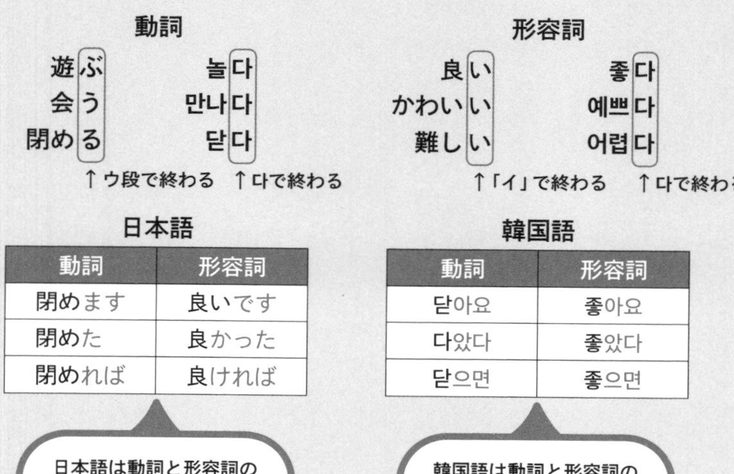

日本語

動詞	形容詞
閉めます	良いです
閉めた	良かった
閉めれば	良ければ

韓国語

動詞	形容詞
닫아요	좋아요
다았다	좋았다
닫으면	좋으면

比べてみると、韓国語は動詞と形容詞の区別をする必要がないじゃないか、と思えてきます。しかし、第2章で学んだ連体形を作るときは、区別が必要でしたね。学習が進むと、動詞と形容詞の区別が必要になります。基本形を見るだけでは区別がつかないので、動詞か形容詞かどちらか迷う場合には、教科書か辞書で確認しましょう。

覚えておきたい単語リスト

韓国語の数字は漢数字と固有数字の2種類があります。後ろに続く助数詞（～個、～時など）によって、漢数字を使ったり、固有数字を使ったりしますので、数字を覚えるときには助数詞とセットで覚えましょう。

■ 漢数字

一	二	三	四	五	六	七	八	九	十
일	이	삼	사	오	육	칠	팔	구	십
百	千	万	零						
백	천	만	영						

■ 固有数字

1	2	3	4	5	6	7	8	9	10
하나(한)	둘(두)	셋(세)	넷(네)	다섯	여섯	일곱	여덟	아홉	열
20		30	40	50	60	70	80	90	
스물(스무)		서른	마흔	쉰	예순	일흔	여든	아흔	

＊1から4および20は、助数詞がつくときに形が変わります。

＊固有数字は99（아흔 아홉）までです。100以降は漢数字を使います。

■ 時を表す助数詞

～時　固有数字＋시

1時	2時	6時	10時	12時
한 시	두 시	여섯 시	열 시	열두 시 [열뚜시]

～分　漢数字＋분

3分	10分	13分	20分	45分
삼 분	십 분	십삼 분	이십 분	사십오 분

～日　漢数字＋일

1日	10日	16日	20日	31日
일 일	십 일	십육 일 [심뉴길]	이십 일	삼십일 일

～年 漢数字＋년

1年	4年	7年	8年	10年
일 년	사 년	칠 년	팔 년	십 년
[일련]		[칠련]	[팔련]	[심년]

～か月 漢数字＋개월

1か月	3か月	6か月	12か月
일 개월	삼 개월	육 개월	십이 개월

～週間 漢数字＋주일

1週間	2週間	4週間	8週間
일 주일	이 주일	사 주일	팔 주일

＊数字をハングルで書くときは、数字と助数詞の間にスペースを入れる分かち書きが原則ですが、시（時）、분（分）、일（日）、년（年）などは、助数詞との間を空けずに書くことも許容されています。
アラビア数字（1，2，3…）と助数詞は分かち書きせずに書きます。

＊数字に漢数字と固有数字があるように、「日」「月」「年」にも漢字語と固有語があります。基本的に漢字同士が結合する熟語で使うときには漢字語を、固有語と並べて使うときには固有語を使います。

日	漢字語＋일	三日 삼일	休日 휴일	
	固有語＋날	翌日 다음 날	去る日 지난날	
月	漢字語＋월	一月 일월	毎月 매월	一か月 일 개월
	固有語＋달	来月 다음 달	先月 지난달	ひと月 한 달
月	漢字語＋년	来年 내년	去年 작년	新年 신년
	固有語＋해	次の年 다음 해	去る年 지난해	新しい年 새 해

＊固有語の場合、다음（次の～）、지난（去る～）を覚えておくと便利です。ただし、다음の後はスペースを空けますが、지난の後はスペースを入れませんので気をつけましょう。

■ その他の助数詞

年齢 固有数字＋살／漢数字＋세

15歳	20歳	60歳
열 다섯 살	스무 살	예순 살
십오 세	이십 세	육십 세

もの 固有数字＋개

1個	2個	5個	30個
한 개	두 개	다섯 개	서른 개

人数 固有数字＋명

3人	4人	10人	100人
세 명	네 명	열 명	백 명
			[뱅명]

動物 固有数字＋마리

1匹	2匹	4匹
한 마리	두 마리	네 마리

6匹	7匹	8匹	9匹
여섯 마리	일곱 마리	여덟 마리	아홉 마리
[여선마리]	[일곱마리]	[여덜마리]	[아홉마리]

■ 曜日を表す名詞

月曜日	火曜日	水曜日	木曜日	金曜日	土曜日	日曜日
월요일	화요일	수요일	목요일	금요일	토요일	일요일

■ 月を表す名詞

1月	2月	3月	4月	5月	6月
일월	이월	삼월	사월	오월	유월*

＊6月は육월とならないので注意しましょう。

7月	8月	9月	10月	11月	12月
칠월	팔월	구월	시월*	십일월	십이월

＊10月は「십월」ではないので注意しましょう。

著者紹介

石田美智代 いしだ・みちよ

法政大学法学部卒業、静岡大学人文社会科学研究科修士課程修了。現在、慶應義塾大学、上智大学などで韓国語非常勤講師。著書に『ときめき韓国語入門 K-POP&ドラマをもっと楽しむ！』(研究社)、『超入門！ 3日でマスター！ ハングルドリル』(ナツメ社)、『すぐ読める！ すぐ話せる！ 文字から身につく 韓国語単語集』(永岡書店) など多数。

いちからはじめる 韓国語文法

やさしくまなぶ基本の「活用」

2021年8月5日 初版発行

著者 石田美智代

発行者 伊藤秀樹

発行所 株式会社 ジャパンタイムズ出版
〒102-0082 東京都千代田区一番町 2-2 一番町第二TGビル2F
電話 050-3646-9500 (出版営業部)
ウェブサイト https://jtpublishing.co.jp/

印刷所 株式会社光邦

Printed in Japan ISBN 978-4-7890-1790-9